社員を夢中にさせる経営

点燃员工

松下幸之助使员工入迷的经营

[日] 大森弘 著

郑义林 译

图书在版编目（CIP）数据

点燃员工：松下幸之助使员工入迷的经营 /（日）大森弘著；郑义林译 . —北京：机械工业出版社，2022.8
ISBN 978-7-111-71433-0

Ⅰ. ①点… Ⅱ. ①大… ②郑… Ⅲ. ①松下幸之助（1894-1989）- 商业经营 - 经验 Ⅳ. ① F715

中国版本图书馆 CIP 数据核字（2022）第 152665 号

北京市版权局著作权合同登记　图字：01-2022-2425 号。

MATSUSHITA KONOSUKE SHAIN WO MUCHU NI SASERU KEIEI
Copyright © 2011 by Hiroshi Omori.
Simplified Chinese Translation Copyright © 2022 by China Machine Press. Simplified Chinese translation rights arranged with PHP Institute, Inc. Original Japanese edition published by PHP Institute, Inc. This edition is authorized for sale in the Chinese mainland (excluding Hong Kong SAR, Macao SAR and Taiwan).

No part of this book may be reproduced or transmitted in any form or by any means, electronic or mechanical, including photocopying, recording or any information storage and retrieval system, without permission, in writing, from the publisher.

All rights reserved.

本书中文简体字版由 PHP Institute, Inc. 授权机械工业出版社在中国大陆地区（不包括香港、澳门特别行政区及台湾地区）独家出版发行。未经出版者书面许可，不得以任何方式抄袭、复制或节录本书中的任何部分。

点燃员工：松下幸之助使员工入迷的经营

出版发行：机械工业出版社（北京市西城区百万庄大街 22 号　邮政编码：100037）
责任编辑：单元花
责任校对：薄萌钰　　李　婷
印　　刷：河北宝昌佳彩印刷有限公司
版　　次：2022 年 11 月第 1 版第 1 次印刷
开　　本：147mm×210mm　1/32
印　　张：8.375
书　　号：ISBN 978-7-111-71433-0
定　　价：59.00 元

客服电话：（010）88361066　68326294

版权所有·侵权必究
封底无防伪标均为盗版

CONTENTS 目录

总　序　儒家思想、日本商道与松下幸之助
译者序　走进松下幸之助的经营哲学
前　言

第1章　跨越"经营哲学",与松下式经营的相遇　1

松下幸之助的眼力令人惊叹　2
松下电器研究的开始　5
松下电器研究的强化　8
心流体验的概要　11

第2章　制造产品前先培养人才　23

重视人才培养的松下幸之助　24
进军中国市场　30
松下幸之助眼中的人才培养　35

商业是用来造福人类的	39
最高级的幸福就是完成自我实现	43
松下幸之助对于人才的培养是使其走上自我实现之路	46
自我实现和真正的幸福	49
促进差异化和统一化的人才培养	53

第 3 章 "如同手表的收音机"的创新   57

挑战收音机	58
心流状态下的彻底思考	65
创新中偶遇美好的良性循环	72

第 4 章 "自来水哲学"的创立   81

社会使命的产生	82
自来水哲学的产生	88
从行为经济学看经营理念	96
经营理念应如何存在	106

第 5 章 "250 年计划"的想法   109

领悟自己使命的 50 年	110
引进心流	114

"250 年计划"的依据	116
"250 年计划"的作用	119
巧妙地将"远景""中景""近景"三者结合的经营	129
250 年的经营者	132

第 6 章 松下电器的事业部制 — 139

事业部制的优缺点	140
事业部制产生之前	141
组织一直在不断变化	146
恢复事业部制存在的问题	152
三大危机和组织改革的关联	156
用于心流体验体系的事业部制	160
事业部制使员工成长、发展	164

第 7 章 提出"社员稼业" — 169

"社员稼业"是松下电器的风格	170
"社员稼业"的背景	174
心流式管理	185
"社员稼业"与心流	189
开展经营活动	195

如何领悟经营秘诀	197
员工如何成长	200
为了工作本身的报酬	201

第 8 章　与飞利浦公司合作过程中"没有私心的决断"　205

胜负在此一举的"没有私心的决断"	206
何为"私心":基于深层心理学的研究	212
关于"私心"的研究	218
心流状态下的终极决断	221
看起来"不合理"的松下式想法和决策	224

第 9 章　心流之最佳企业　229

忘我是工作中成长的动力	230
从"麦肯锡 7S 模型"看松下经营	232
松下幸之助想法的来源	235

后记　238

松下幸之助及松下电器的年表　241

FOREWORD　总　序

儒家思想、日本商道与松下幸之助

在中国，历史悠久的企业被称为"百年老店"或"老字号"。根据日经 BP 在 2020 年的调查，全球百年企业有 80 066 家，其中 33 076 家是日本企业，占全球百年企业的 41%。也就是说，日本是世界上拥有百年企业最多的国家。全球拥有 200 年以上历史的企业有 2051 家，其中 1340 家是日本企业。㊀

为什么日本有这么多长寿企业？因为很多历史悠久的日本企业都有自己的"家训"和"家规"，被后继者传承和遵守。

㊀ 雨宮健人.世界の長寿企業ランキング、創業 100 年、200 年の企業数で日本が 1 位 [EB/OL].（2020-03-18）[2022-06-06]. https://consult.nikkeibp.co.jp/shunenjigyo-labo/survey_data/I1-03/.

日本伊藤忠商事株式会社是为数不多的综合性贸易公司之一，继承了近江商人的经营理念，其核心是三方好（买方好，卖方好，社会好）。也就是说，企业不能只关注自己的利润，还要回应客户和相关方的期待，从而为社会做出贡献。

大丸松坂屋百货的"家训"是"先义后利"，茂木家族⊖的"家训"是"家人需以和为贵，切记德为本、财为末"。它们绝不做无义无德的生意。在它们看来，利润不是目的，而是企业为社会做出贡献后获得的回报。由此可见，这些百年企业的"家训"深受儒家思想的影响。

儒家思想大约在公元5世纪传入日本，公元6世纪佛教也传入日本。儒家思想被僧侣和贵族作为教养来学习，在16～17世纪被武士阶层作为统治思想付诸实践。

⊖ 茂木家族，拥有日本著名的酱油品牌"龟甲万"。

18世纪初，一位名叫石田梅岩[一]的町人思想家，深受儒家和佛教思想的影响，开始倡导石门心学，他的弟子更是在日本各地开设心学讲舍，向平民百姓传播儒家的道德观。在明治维新前的100年里，日本各地共开设了173所心学讲舍。

大约在同一时期，大阪商人在船场[二]成立了一所专门面向大阪商人的学堂——怀德堂，是商人学习儒家思想的场所。

像心学讲舍和怀德堂这样对平民百姓和商人传播儒家思想的场所，对大阪商人群体的经商之道产生了巨大影响。18～19世纪，儒家思想作为一种普遍的道德观念渗透到日本的平民阶层。

1904年，松下幸之助在小学四年级中途辍学，

[一] 在日本近代化的历程中，町人阶级（城市商人）迅速发展。石田梅岩是日本江户时代的町人思想家，创立了石门心学。该学说的着眼点是处于士农工商中身份最低的商人，主张商人存在的必要性和商业赢利的正当性，也强调了商人应该"正直赢利"和"俭约齐家"。

[二] 船场，日本地名。

到 1910 年为止的这 6 年，他在船场度过了多愁善感的少年时代。就是在这个时期，他亲身体会到以船场为代表的经商之道——关西商法。

关西商法的根本是"天道经营"，也就是顺应天道，正确经营。正确经营的思考方法有三种：奉公（遵纪守法，报效国家）、分限（安守本分，不做超越自己能力的事情）、体面（坚守信用，获得信赖）。正确经营的行为准则有三条：始末（以终为始，确定目标，定期结算）、才觉（求创意，差异化经营）、算用（做好成本管理）。这些思想在松下电器的纲领㊀、信条㊁、七精神㊂及组织、制度中被运用，传承至今。

日本的大实业家涩泽荣一出生于 1840 年，被称为"日本现代经济之父"。他一生参与了 500 多家公

㊀ 纲领：贯彻产业人之本分，努力改善和提高社会生活水平，以期为世界文化的发展做贡献。
㊁ 信条：进步与发展若非得益于各位职工的和睦协作，殊难实现。诸位应以至诚为旨，团结一致，致力于公司的工作。
㊂ 七精神：产业报国之精神、光明正大之精神、团结一致之精神、奋发向上之精神、礼貌谦让之精神、改革发展之精神和服务奉献之精神。

司的创建，包括引进欧美的合资公司制度和现代工业。涩泽荣一倡导道德与经济合一，他的著作《论语与算盘》在100多年后的今天仍然被众多商业领袖广为阅读。

受儒家和佛教思想的影响，诞生于江户时代的关西商法，通过涩泽荣一、松下幸之助和稻盛和夫等商业领袖的思考、实践与传承，今天仍然是日本企业长寿经营的思想支柱。中国的企业家们已经关注到这一现象。我们期待松下幸之助经营哲学书系能够给大家提供有益借鉴。

木元哲

松下电器（中国）有限公司前总裁

零牌顾问国际导师

中国广州

2022年6月

译者序   THE TRANSLATOR'S WORDS

走进松下幸之助的经营哲学

　　无论在哪个国家，能获得成功的企业家都很多，但能够提炼出经营之道的企业家却为数不多，能够成为众人推崇的"经营之神"的企业家更是凤毛麟角。松下电器的创始人松下幸之助无疑在企业界树起了一座丰碑。他不但创立了一家享誉全球的成功企业，而且提出了一套普遍适用的经营哲学理念。

　　在三年前，我开始研究松下幸之助的经营哲学。这三年里，新冠肺炎疫情深刻地影响并改变着我们的生活，企业的经营者经历了前所未有的困难和挑战，在逆境中垂直攀登。

　　然而，正是在这样的环境下，人们对自己的人生有了重新的思考，经营者在企业历经生死存亡的考验后，对创业和经营有了更深刻的思考。松下先生在70多年的经营生涯中，带领企业三次穿越"死亡之谷"，每一次渡过危机的过程，都是他思考的经营之道的旅途。

这三年里，我潜心研究，系统地梳理并重新解读松下先生的经营思想，出版了《攀登者：松下幸之助的经营哲学》等图书。当我收到机械工业出版社的邀请，让我参与松下先生系列图书的引进和翻译工作时，我的内心是激动和兴奋的，因为这样我就有机会研究与松下先生相关的宝贵的一手资料了。

《点燃员工：松下幸之助使员工入迷的经营》一书的主题深深地吸引着我，用人哲学正是松下幸之助经营哲学的一个重要组成部分。

融合东西方哲学思想的企业家

如果说"哲学是自我对人类的透彻思考，是对人性的追寻与确认",那么松下幸之助无疑可以称得上是一位哲学家。正如古希腊哲学家们那样,松下幸之助也对人类有着透彻的思考,并以自己的方式寻求对人性更加深入的理解。

在松下幸之助的一生中,每一天他都对人进行观察和思考。是什么让他如此深刻地去思考人类并形成自己的哲学思想的呢?我认为契机在于其家人的去世。

松下幸之助家有十口人,双亲、七兄姐及其本人。在他 10～20 岁,家人接二连三地因病去世。不难想象,面对几乎每年都有家人离世的现实,松下幸之助自然会认真、深刻地去思考"何为生死""何为人生""何为人"这类哲学问题。

在研究松下幸之助的哲学体系时,我发现,他是将西方哲学与以中国为代表的东方哲学完美地融合在一起的人。

西方哲学是从古希腊哲学开始的,古希腊最早的哲学家都是研究自然的哲学家。可以说，西方哲学主要是从自然的角度去理解世界的，西方哲学是向外看的，它的对象是自然，以自然为主要课题。西方哲学在开创哲学体系的同时，也开创了自然科学。

以中国为代表的东方哲学的特质是重视生命问题，并始终把人放在本位，而非物或自然。所以，东方哲学的主要课题是德行和生命，是向内看的，而不是向外看的。东方哲学不将人视为工具，它旨在唤醒人的良知。由于东方哲学向内的传统，因此没有发展出自然科学的相关学说。

通过对松下幸之助哲学思想的研究，我们可以发现：一方面，他受中国儒释道思想的影响很深，比如在道德价值、人生意义方面，松下幸之助提出的"以人为贵""社会大义""经营者的使命"等，与儒家所倡导的思想高度一致，而松下幸之助所提出的哲学核心思想"素直之心"，则来自《道德经》中的智慧；另一方面，松下幸之助的哲学思考，也有很多受西方哲学影响的地方，他把研究的出发点放在宇宙和自然、人类的进化上，由此提出"繁荣的根基""生成发展观""人类是伟大的存在"等哲学观点。在企业经营当中，松下幸之助不断引进西方科学管理体系，重视技术变革与创新；在生活中，他倡导亲近大自然，提出凡事要尊重自然规律，顺势而为。松下幸之助的哲学思想，完美地将东方和西方的哲学与智慧融合在一起，既研究人类，又研究自然。

开创经营实践哲学

松下幸之助对现代商业世界的最大贡献，是开创了"经营哲学"这一实践哲学。松下幸之助是将哲学思想应用于企业经营管理的第一人，对当今企业界的影响深远。

稻盛和夫在松下幸之助经营哲学的启发下，开创了著名的"京瓷哲学"，在经营上取得了巨大的成功；海尔集团一直以松下电器为学习的榜样，张瑞敏一直以松下幸之助的经营哲学思想为指引，建立了以人为本的"海尔管理哲学"；华为的任正非在2001年参观学习松下电器后，将松下幸之助的经营理念写进"华为基本法"，奠定了华为文化的根基。但凡企业经营达到了一定的境界，或者遇到发展的瓶颈，总是需要一种经营哲学思想来引领。

所谓"经营哲学"，是一种实践哲学。松下幸之助认为，对一个合格的经营者来说，最重要的不是知道多少复杂的知识和理论，而是懂得珍视那些看似简单、能引导人们采取正确生活态度的原理，即哲学。这种哲学不是晦涩难懂的学问，而是从经验和实践中产生的生动的学问。

松下幸之助在从白手起家创业，到94岁去世的经营生涯中，一直在实践以人为贵的经营哲学，也因此取得了伟大的成就。以人为贵、以人为尊的经营哲学，源于松下幸之助最底层的哲学思考与总结，即"人类是伟大的存在""人是万物之王"等,这一点在他的著作《思考人类——新人类观的提倡》中有所体现。

以这种哲学思想开展经营实践,松下幸之助非常珍视公司员工和顾客,真正做到以人为本。面对社会大众,松下幸之助有一个著名的主张,即企业要大量生产物美价廉的产品,以满足社会大众的需要,让人民幸福;经营实践的结果是松下电器不断改进技术、降低成本,让更多物美价廉的产品走进千家万户。

在对待员工方面,松下电器不会轻易裁员或解雇员工,哪怕是在经济危机的背景下或是在企业最困难的时候,松下电器都尽最大努力留下员工。在松下幸之助的经营哲学中,提高利润处于次要位置,让全体员工幸福和满足才是重中之重。松下幸之助开展"众智经营",提出"人人皆是经营者",虚心倾听并采纳员工的建议,他经常鼓励员工,让他们虚怀若谷、自信自豪，带给他们感动，并不忘表达对他们的感谢。

松下幸之助"以人为贵"的经营哲学正是他70多年经营生涯中一个典型的实践哲学，这位"经营之神"留给我们的，还有许多看似简单朴素，实则内涵深刻、意义非凡的经营哲学，这些智慧是他留给人类的最宝贵的精神财富。

郑义林

作家、学者

华董汇创始人、秘书长

华董书院经营塾领教

中国深圳

2022年5月

前言 PREFACE

下面是松下幸之助在第二次世界大战结束后的混乱之中，开始重建松下电器时在公司早会上的讲话。

松下电器成立了营业部，营业部从12月1日开始正式投入运营。但是据营业部部长岩佐三郎所说，之前的代理商都希望松下电器店能够营业，每天都会有人来。他们来自不同的地方，都希望可以和松下电器合作经营。我认为，这一切都与他们对松下电器的信任，还有松下电器的能力脱不了关系。

如今，松下电器并没有能够拿得出手的商品。我看到他们来到公司请求重新营业，甚至连续几天来到公司。想必只要是生产者，看到这种情况，一天也不会闲下来。我心里想的都是要尽快回应这份期待和信任，这只有全体员工将自己的身心都投入生产中才能实现。

回头看看，自创业以来，公司里的每个人都兢兢业业地工作。他们都非常认真，没有一丝懈怠。从早到晚，大家一直都在默默地工作。

但是在第二次世界大战爆发后，也许是受到统一管制的束缚，不禁让人感到这种传统的勤勉精神已经消失不见。大家看起来都不那么认真工作了。反观自己，虽然我想全身心地投入工作，发挥自己的才能，但是不知为何还是没办法全身心地投入工作，在工作上始终心有余而力不足，提不起兴趣。

但是，今后若是盛行自由主义，大家都可以尽心尽力地工作，再次投身于自己理想的事业，并全身心地投入工作，一想到这里我就兴奋不已。

沉迷于工作，以至忘记时间，不知疲惫，甚至不舍得停下工作，只是工作本身就让人开心。这就是进入工作中的忘我境界，是一件无比幸福的事。

这种境界是只有勤勉工作的人才能理解的，而对于一般人来说是难以想象的。

我想能给大家的最好礼物便是，告诉大家如何进入这种沉迷工作的忘我境界。因为只有自己快乐地工作，而其他人却痛苦地工作，我会心怀愧疚。我希望大家能够和我一样，也能达到这种境界，让自己愉快地工作。为此，我尽自己最大的努力，希望大家也能发现工作中的忘我境界，并朝那个方向努力。

此外，大家也要对工作抱有敬畏之心，要专心致志地工作。仅靠小聪明敷衍了事是绝对不行的，草草了事或者拖拖拉拉也是不行的，必须要投入工作中，和工作完全融为一体。

工作是神圣的，全身心投入工作当中，会让工作的人有一种神圣的感觉，这时便进入了工作的忘我境界。

我坚信，如果大家能够进入工作中的忘我境界，一定能够生产更多的优质产品，满足代理商的期待，甚至为社会做出贡献。也就是说，工作是为了回报社会，而不仅仅是为了自己做事。如此便能达到事业的繁荣，也能实现日本产业的复兴和重建。

工作中的忘我境界（1945年12月5日）
《松下幸之助发言集29》

CHAPTER 1
第 1 章

跨越"经营哲学",与松下式经营的相遇

我在松下电器学到了更多有关管理学的知识,但是我来回看了那么多的电视试验品之后,还是没有办法像松下幸之助那样做出精准的指示或判断。老实说,我只能在吃惊之余紧紧跟在松下幸之助的身后。果不其然,产品发售后,经过松下幸之助挑选并指示改良的电视成为畅销产品。

松下幸之助的眼力令人惊叹

1965 年,日本的经济十分不景气,松下电器为提升一直以来大幅下跌的电视销量,电视业务部的技术团队制造了很多试验品。在房间里,窗户挂着黑色的窗帘,放着几十台电视。用黑色窗帘将窗户遮住,正是为了防止新产品的信息外泄。

此时,能够待在这个房间的只有几个人,分别是松下电器的会长兼营业总部的代理部长松下幸之助、电视业务部部长时实隽太、电视研发的技术骨干,以及在电视业务部的策划部门担任策划调查科长的我。当时,整个日本都面临经济不景气的情况,电视业务部要求生产出更多的机型,工厂则要集中生产某个机型进而降低成本,而我夹在这两者之间,始终找不到一个解决问题的方向。

就在这时,松下幸之助组织了协商,从多个试验品中选出一个电视投入新的市场当中。顺便说一下,在当时的电视市场中,黑白电视和彩色电视难分伯仲。

于是,松下幸之助就带着时实隽太部长还有技术骨干,静静地看着每台电视,偶尔也会抛出几个简单的问题。在这群人当中,就属我最小,总感觉被一股难以言喻的紧张感包围着,一句话也说不出,只能跟在松下幸之助的后面走。

最后,松下幸之助带着大家来到会议室,他提到了几个试验品,并让大家拿过来。我们把这些试验品放到会议室的桌子上后,松下幸之助对技术骨干们说道:"要这个,这个还有这个。这个把这里改一下会更好。之后,还有这个……"

当我看到这一幕时,顿时觉得不可思议:松下幸之助原本并没有负责过电视设计的工作,但是为何却能够给予如此精准的指示呢?此外,松下幸之助挑选试验品时用到的方法并不是将所有数据进行详细对比,仅仅通过几个极其简单的问题,他就可以看到全貌,就像是通过直觉选出来的一样。

一般情况下,人们需根据各个模型的性能数据还有市场调查的资料反复探讨,并做出取舍。但是,松下幸之助的方法和普通的决策有着本质的不同。松下幸之助的才智可见一斑。

这时，我也领会到，在学校里学到的管理学理论在实际运用时是多么派不上用场。当时日本盛行从国外引进管理学理论，而我几乎把所有的精力都用在了认真读懂并阐释国外的文献上。我即便有再多的学术性的理论，对于在现实中的一家企业，也不能在各种场合做出决策。其中一个鲜明的例子就是，我在松下电器学到了更多有关管理学的知识，但是我来回看了那么多的电视试验品之后，还是没有办法像松下幸之助那样做出精准的指示或判断。老实说，我只能在吃惊之余紧紧跟在松下幸之助的身后。果不其然，产品发售后，经过松下幸之助挑选并指示改良的电视成为畅销产品。

也正是在电视业务部学习的这段时间，我完全迷上了"松下式经营论"。我之前一直很崇拜松下幸之助，在松下电器工作的这段时间我印象最深的就是这件事，因此在这里给大家讲一下。

自那之后的几十年里，我就开始认真研究企业家松下幸之助还有松下电器。我在本书中把我个人积累的研究成果汇总在一起。虽然个别的内容是根据我个人的推论阐述的,但我相信还是能够给读者一些启发,这也是我大胆展开论述的一个宗旨。我回顾一下从进入松下电器开始,到现在研究松下幸之助的一个历程。

松下电器研究的开始

我和松下电器的缘分始于1955年的上半年,当时的我在神户大学读研之余在松下电器兼职。神户大学的平井泰太郎是我的恩师,同时他也与松下电器有一定的往来,于是在这层关系下,我获得了市场调查的工作。这份工作主要是面向居住在神户并且有钱的外国人的,这是由当时松下电器的营业部委托的工作。

为此,我参考了很多美国经济杂志中的报道,想出一个有效的问卷调查方法,指导并委托神户大学的学生们进行市场调查,最后收获了很多成果,还得到了松下电器员工的好评。虽然我当时还是学生，但同时作为讲师在松下电器给员工培训。就这样，在1960年，我正式加入了松下电器，被分到了成立不久的策划部。

能够进入策划部，对我来说是无比幸运的一件事。由于在松下电器担任了一个比较特别的职位，即便我是刚入职不久的年轻员工，公司还是把我和主管放到了一起，同时也得以参加每周一有松下幸之助本人讲话的早会。当时的早会每个月不定期举行几次。我每次听了松下幸之助的讲话，都颇有收获。松下幸之助还以小摊老板为例，讲了很多经营的概念，虽然我之前也听说了一些，但没想到可以近距离地听松下幸之助说。

早会和在大会场上的演讲不同，由于对象只是几十个员工，所以松下幸之助说话的口吻也是很直率，和日常讲话没什么不同。比如："荞麦面店的老板能够很自然做到的事情，为什么你们做不到呢？"也正是这种口吻，才让我把每一句话都铭记于心。

刚进公司不久，我就对松下电器的组织体制变化很感兴趣,于是我收集了很多材料,如用于编写公司历史的资料等,之后便独自进行了调查。也许是因为在学校学过组织理论,所以这次研究让我兴奋不已。在那之后,我还是一个年轻员工,就开始写和松下电器相关的论文了,恰巧那时公司会不定期发行《经营研究》或《公司历史资料》等刊物,于是我就将自己写的关于松下电器的事业部制等内容的论文投稿给那些刊物。以上便是我进行松下电器研究的开始。

在那之后,策划部经过改组,我调到了材料部,公司提出要让我去美国的哈佛大学留学。回国之后,我分到了电视业务部,并担任策划调查科长,参与研发黑白电视"嵯峨"和"PANACOLOR"系列。就在这个时候,我参与了前文中提到的新型电视的策划会议,同时也得以见到松下幸之助作为一个经营者的真实面目。

大概是在 1962 年,我得到了公司的同意后在近畿大学担任外聘讲师。当时由于取得研究生文凭的人并不多,再加上大学的老师人数不够,所以我就受学校邀请给研究生讲课。此后,我一周里只有一天是空闲的,其余时间不是在公司上班,就是在学校讲课。一开始我觉得松下电器的工作对我来说吸引力更大,所以并没有想过要辞职去做大学老师。但是之后由于我在哈佛大学留过学,我开始向往大学老师的职位,还有作为研究者、教育者的工作也吸引着我。

即便如此,在之后的几年里,我还是一直从事着电视业务部策划调查科长这份有意义的工作。由于大学不断对我抛出橄榄枝,经过一番深思熟虑,我还是下定了决心。于是在1968年的春天,当时的我35岁,辞去了松下电器的工作,任近畿大学商业经济系的副教授,从此便走上了教育和研究的道路。

松下电器研究的强化

我进入大学之后,并没有侧重于文献解释层面的经营学,而是不管在教育还是研究上都追求基于实践的经营学。具体来说，我开了一门独立的课程——"经营理念论"，以此告诉学生们松下幸之助一直以来实践的"经营理念"是什么。在研究方面，我并没有采用分析欧美文献这种当时的主流方法，而是以日本经营者的代表松下幸之助和松下电器为主要研究对象。

我走的这条路并不是学术界的主流，因此我在研究者之中也算是一个少数派。但我自己坚信，比起追求一种不知道对实际经营有没有用的理论，分析并理解现实中成功的企业家和企业，才是应有的经营学研究方式。

我在大学教经营理念论，随着我不断研究松下幸之助的经营方法和理念，我也开始思考松下幸之助这些独有的想法是如何产生的。因此，我开始关注荣格的精神分析学。也许一开始是出于研究者的直觉，我将松下幸之助的想法和荣格的心理学理论结合在一起。但是，当我开始应用精神分析学理论时，终于明白了这是理解松下幸之助的最佳分析工具。我到了退休的年龄，开始学习佛教中的唯识论。我惊奇地发现，佛教和松下幸之助的想法与荣格的精神分析学有很多共同点。

松下幸之助在1937—1952年一直和加藤大观大师有着密切的来往，也因此和佛教结下了缘。在从近畿大学退休后，为了能对佛教有更深的理解，并进一步研究松下幸之助，我考上了高野山大学的研究生（函授教育制）。之后，在我学习佛教时，我看到了一本书，也就是这本书对我之后研究松下幸之助起了决定性的作用。

这本书就是美国的心理学家米哈里·契克森米哈赖写的《心流：最优体验心理学》。基于"心流体验论"再次思考，我发现我能很轻松地理解松下幸之助的想法的各种要素，如思想和行动力的来源，还有决策的过程，并且还能对此进行说明。自那以后，我便基于心流体验论，全身心地投入对松下幸之助的研究中。

此外，我不仅研究，还负责了契克森米哈赖多本著作的监译，如《心流：最优体验心理学》(*Good*

Business)、《心流体验入门》(Finding Flow)等，以上著作都是由世界出版社出版，而本书就是我研究这些著作的集大成者。

我希望本书的每个读者在读完之后，都能够理解契克森米哈赖的"心流体验论"究竟是什么。关于心流体验的概要在下一节中会进行说明。

心流体验的概要

心流是什么

"心流"（Flow）一词也译为"流动"。为何会使用"心流"这个词，具体的理由之后会讲到。在心流体验论中，"心流"一词主要用于表达人们在进行某个行为时可能会获得的最优体验和内心体验的最佳状态。契克森米哈赖在《心流：最优体验心理学》中是这样描述心流（最佳体验）的。

最佳体验这种感觉主要产生于一种行为系统中，在这个系统中有一定的目标和秩序，并且被给予明确的提示去了解自己的行为是否合适。当此时面对一个挑战，并且自己的能力可以应对这个挑战时，也会产生最佳体验。由于注意力高度集中，人不用去考虑它是否和自己的行为有关，也不会让烦恼占据自己太多的注意力。此时不再有自我意识。人们很享受这种体验，于是不管多么艰难，人们也不会去考虑会从挑战中获得什么利益，而是仅仅为了自身去主动进行这个行为。

简单来说，最佳体验就是一种"伴有快乐和充实感的良好精神状态"，这种状态会让你在面对眼前的挑战和目标时，能够集中所有的精力并且能全身心投入，最后获得预期的成功。契克森米哈赖将"人类在何时感到最幸福？"作为研究课题，终于在反复研究之后才得出心流这一概念。

他在整个研究过程中没有反复纠结一些理论性的东西，而是以各个国家各个领域的人为对象，通过面谈调查等方法，记录了这些人精神状态及产生最佳体验的条件，并对其进行分析。换句话说，就是使用田野调查的方法，在多个事实的基础上得出一个有说服力的理论。

契克森米哈赖一开始的研究对象主要是各个领域的专家，如艺术家、运动员、音乐家、棋手、外科医生等，在这个阶段中，他成功将最优体验理论化。在那之后，为收集更大范围的数据，他开始将目光投向世界各地的合作研究人员，在他们的合作下，对几千个人进行了调查，并且这些人的人生经历各不相同。契克森米哈赖让这些研究对象拿着 BP 机，一个月里这个 BP 机会响八次，并且每次的时间都是不固定的。这种调查方法是经验取样法，即在 BP 机响的这一刻记录下自己正在做的事还有当下的感受，最后他收集了十万多例样本。

就这样不断地进行调查研究，最后契克森米哈赖坚信：

本次调查不同于以往大家的认识，我们为了获得最优体验努力地工作，即这种舒适感很快乐，但在生活中最好的那一瞬间基本上不会出现在我们被动地接受信息等放松的状态。最好的那一瞬间一般产生于自发努力的过程,即便很艰难,但还是努力实现这个有价值的过程。只有在这时,我们才会产生最优体验。

《心流:最优体验心理学》

在那本书中,契克森米哈赖一直坚持自己的观点:幸福并不来自外部,而是来自我们自身对待事物的方式。此外,真正的幸福并不是一时的快乐,要获得幸福就要反复通过最优体验也就是心流,然后实现自身的进步。

之所以将最优体验称为"心流",是因为大多数研究对象,在描述自己感受到的最佳状态时,都会使用"流淌一样的感觉""我随着水流淌"等措辞。心流这一概念使用范围很广,并在各个领域应用,广受大家的认可。

心流的构成要素

由于体验心流时产生很多意识状态,于是我将大多数研究对象都说过的话进行整理,整理之后发现心流主要有八个构成要素,有的研究对象提到了一两个,也有很多研究对象将八个要素都提到了。本书中将引用契克森米哈赖的《心流:最优体验心理学》中的一些观点进行阐述。

有明确的目标

这个目标并不是未来某一天才会实现的目标,而是当下正在做的某件事的目标。要想进入心流状态,就必须明确当下的目标。契克森米哈赖在书中写道:

"不管做什么事,对于参与其中的人来说,最重要的便是每一刻都能准确地知道自己必须要完成的事是什么。就拿攀岩者来说,他们沉迷于攀岩运动并不是因为要到达山顶这个终极目标,而是因为眼前要做的事,即思考下一个动作是什么才能让自己不掉下去。"

有及时的反馈

所谓反馈,就是能够客观并及时地掌握自己的状态。反馈可能来自自己的行为,也可能是自己获得的信息或是其他人告诉的。契克森米哈赖在书中写道:

"如果不能及时获取一些'在线'的信息,来了解自己现在做的事完成到了什么程度,这种情况下你会很难一直投入任何事情当中。大多数情况下,要想体验到完全进入心流状态,就要知道当下做的事情有多重要。虽然同事或是主管有时会对你的成果提出相应的意见,但最理想的状态应该来自提供信息的行为本身。"

挑战和能力平衡

当我们的能力很难完成一项有挑战的任务时,我们会感到不安,很难集中精力,从而很难进入心流状态。相反,如果一项工作太过于简单,我们就会觉得无聊,还是不能集中精力,同样不能进入心流状态。换句话说,"只有在挑战与能力成正比并且平衡时,才会产生心流"。契克森米哈赖将挑战与能力的关系称为"CS 平衡"。

提高注意力

当一个人为了眼前明确的目标而努力,并在获得反馈后去挑战符合自己能力的事时,人们便会逐渐沉浸在这件事当中。契克森米哈赖的书中也有这样的表述:"当你投入一件事当中,其投入的程度已超过了某个标准,这时就会注意到自己已沉浸在游戏、研究或者是交流当中"。此外,在注意力集中的状态中,你会感觉到自己的意识和行为是一致的。《心流:最优体验心理学》中将这种状态表述为"行为和意识的融合"。

当下最重要

心流,归根到底就是一种精神集中的状态。当你进入心流状态中,你的意识中只有你当下正在做的工作,除此之外再无其他。比如,当一名棋手进入心流状态中,他所看到的世界只有车和车能走的区间;当一个作曲家进入心流状态中,他的世界都是一个个音符,以及其所代表的韵律。究其原因,当你挑战一件事并达到了自己能力的极限时,你会只把精力集中在当下,并不会关注过去和将来。

控制自己和现状

当一个人进入心流状态后,他们做某件事时注意力会高度集中,并且他们会感觉到能够完全控制自己,还能控制现状。想想运动员就能理解了,当他们集中精力比赛进入心流状态后,他们能够随意活动身体,在精神状态得到控制的同时,也可以发挥出自己的最佳水平。

时间感会改变

想必大家都有过这样的经历:不管是在玩耍还是工作时,当你沉浸在某件事当中,即便过了好几个小时你也感受不到时间的流逝。其实,人在进入心流状态后,时间感也会相应地发生变化。根据契克森米哈赖的研究结果发现,棋手眼中的时间过得十分快,几乎比原来的时间快了一百倍。相反,短跑运动员虽然跑完一百米只用了十秒钟,但是在他们看来,却是无比漫长的。

忘却自我

一个人随着时间感的变化,会更加专注于处理眼前的问题,此时他们会体验到一种忘却自我的感觉。这是因为当注意力集中后,那些和当下工作没有直接关系的事情就会被带到意识之外。但是，这并不是为了发挥自己的能力把自己置于控制的范围之外，而是将称呼、地位、证件号码等伴有责任的社会属性从意识中暂时抹去，此时的人们会从自我意识、野心、失败、恐惧及欲望中得到短暂的解脱。

此外，心流状态伴有高度的责任感和充实感，因此我们能感受到心流是一件非常快乐的事。用契克森米哈赖的话来说，心流会带给我们一种"自发的回报"。因此，每个行为所带来的结果并不是奖赏、报酬、名誉等，行为本身在很大程度上才是一个人的最终目的。我们将这种状态称为自身有目的的体验，将这种人的倾向称为自带目的型人格。随着这种自带目的型人格的发展，心流状态也会得到进一步的加强。

心流让自己变得更复杂

大多数情况下，当人们在各种行为中体验到心流后，人们将会变得比之前更加复杂。说到复杂，可能有些晦涩难懂，总之就是通过获取经验，在各种意义上实现发展和强化。

这里还是用攀岩者的例子来说明人逐渐复杂的过程。在攀岩的过程中，根据攀岩的难度，岩壁会分为各个等级，难度最低的是 F1，而达到人类极限的难度是 F11。对于有的攀岩者来说，他可以攀登的最难的岩壁等级记为 F6，而与其对应的攀岩者的能力则评为 F6。当水平为 F6 的攀岩者在攀登难度为 F6 的岩壁时，他们为了让自己的能力匹配上目前的挑战，便会进入心流状态，这时便是之前提到的"CS 平衡"。

但是，水平为 F6 的攀岩者在攀登难度为 F7 的岩壁时，由于这个挑战超越了自己的能力，他们就会因此预想到失败，从而感到"不安"，便会进入不安区。要想克服这种不安，他们就需要将自己的能力提升到 F7，当他们将自身能力提升到 F7 时再去挑战，这时便会重新回到心流区。

此外，F6 水平的攀岩者通过每天的训练来提升自己的能力，这时便能轻松登上 F6 水平的岩壁，但下次他们便会觉得没什么意思。要想从这个无聊区出来并重新回到心流区，就要挑战更高难度的岩壁。其实不只是攀岩者，人们在进行所有行为时都会经历这段成长历程，也可以说是逐渐变得复杂的过程。但心流给人们带来的快乐，还有各个阶段中取得成功的喜悦都会成为人们提高自己的动力源泉。

以上便是心流体验论的核心内容。我从第 2 章开始将会详细阐述，在所有的论述中，基本上都会用到心流体验论，因此希望各位读者能够对此有个印象。

CHAPTER 2
第 2 章

制造产品前先培养人才

  我告诉年轻员工,他们去客户那里如果被问起松下电器是做什么的,要说"松下电器在培养人才的同时,也会生产电器"。当时的我认为,没有人就没有企业。换句话说,如果企业不能培养员工,那么他们便不会成长,企业更不会取得成功。因此,生产电器本身就是一项重大的使命,但要想生产出电器,就要先培养人才。

——松下幸之助

重视人才培养的松下幸之助

首先,我们先从松下幸之助的人才培养模式开始研究。企业本来就是由人来经营的,如果没有人的参与,别说一台电视,就是一个灯泡也卖不出去。松下幸之助带领松下电器走到今天,一直是以人为本的,这一点在很多书籍当中都有提到,想必大家都有所了解。

松下幸之助并不只是重视员工和利害相关方,他还一直在思考,一个实业家的使命是什么,打工人应该以什么样的思想准备面对工作,人们该以什么样的心态活着,一个人的成功和幸福的标准是什么,人类存在于地球上的意义是什么等。他一直在加强对整个社会还有人类的思考,也留下了很多令人印象深刻的名言。此外,在他的一生中,不管作为一个经营者,还是作为一个普通人,都在不断将自己的思想付诸实践。

在实践的过程中,松下幸之助在培养公司员工上,一直坚持着自己的想法,即"制造产品之前,先培养人才"。在本章中,我会对人才培养的意义,还

第 2 章
制造产品前先培养人才

有在松下电器实际经营时展现的教育效果进行分析。

1961年4月,松下幸之助对员工的讲话就体现了他的思想。

我从很早之前便是如此,这已经是30年前的事了。当时也是突然想到的,我告诉年轻员工,他们去客户那里如果被问起松下电器是做什么的,要说松下电器在培养人才的同时,也会生产电器。当时的我认为,没有人就没有企业。换句话说,如果企业不能培养员工,那么他们便不会成长,企业更不会取得成功。因此,生产电器本身就是一项重大的使命,但要想生产出电器,就要先培养人才。

我想,这种理念已经传递给当时的每个员工了。大部分的员工都动力满满,他们也认为,虽然松下电器是生产电器的,但是比起生产电器,更重要的是让每个人在这里获得成长。当时的松下电器不管是技术、资金还是积累的信誉都不比其他企业强,但这也成为我们做大、做强的动力。虽然当时松下电器的财力、技术以及积累的信誉都还差强人意,但是为了不输给其他企业,松下电器从人才的培养出发,努力提高松下电器员工的品质,最后获得了回报,也受到了大家的一致好评。松下电器中有很多员工只有中学学历,并且他们的工作经历还不到一年,但是他们比其他企业工作了十年的员工更擅长销售产品。在我看来,松下电器能有今天,不仅要归功于产品的研发,更要归功于对人才培养的重视。

虽然在大家的印象中,企业制造产品十分重要,但要说到制造如此重要的产品的必要条件,那还是需要人,需要有正确想法的人。只有这样分析,大家才会明白,如何培养人才才能制造出重要的产品。

源自 PHP 研究所珍藏的录音

大概在 1930 年,松下幸之助产生了人才培养的思想。那么,为什么大家开始重视人才的培养呢?其中一个因素便是松下电器初期的经营情况不乐观。

1918 年 3 月 7 日,松下电器成立,当时的员工只有 3 人,分别是松下幸之助和他的妻子松下梅之,还有他的小舅子井植岁男(之后成为三洋电器的创始人)。在之后的十年里,松下电器先后推出了初期的代表商品——改良版插头、双灯用插座、炮弹型电池式自行车灯、超级电熨斗等，松下电器也因此实现了迅速的发展。之后的松下电器便经常面对各种状况，如生产供不应求、不断招募员工、增加设备、扩大工厂等。就这样，仅仅用了十年时间，松下电器的员工人数剧增，由开始的3人增加到了200人。

虽然松下电器实现了高速发展，但在1928年左右，那时的员工还不到300人，也就是个比街道工厂大些的中小企业。换句话说，即便要雇人，以当时松下电器的实力来说，并不能雇到有很高技能水平的技术人员。于是松下电器只好雇用那些刚从小学或是中学毕业的年轻人或者是没什么经验的人，并从商业的基础开始仔细教起。

终于，在培养人才的过程中，这些年轻人并没有辜负松下幸之助的期待，成长得很快，远远超出了松下幸之助的预期。他们有实力应对很多情况，即便在客户公司与对手竞争，要与对方经验丰富的销售人员一决高下，他们还是不输对方拿下订单，并与客户建立稳固的信赖关系。同时他们也脚踏实地地磨炼自己的制造技术，即便设备存在不足，还是能够生产出高质量的产品。想必松下幸之助一定深深感到培育人才的意义和重要性,以及人才的潜力之大。

通过这段经历,松下幸之助的脑中已经形成了一种坚定的信念。如"只要能培养出优秀的人才,大家就会制造出好的产品,也会让客户满意""我们的工作虽然是制造产品,但在那之前更重要的是培养人才""培育有正确想法的人才,企业也会取得成功"。

大力培养人才还有一个重要的原因,这要追溯到松下幸之助做接线工的时候,当他在创业之前,曾在大阪电灯工作过。

1913年,当时正值盛夏,松下幸之助被安排了一份安装电灯的工作,地点在建筑历史达200年的寺庙正殿中间。他爬了上去,但突如其来的热气加上多年积压的大量灰尘,导致松下幸之助一时间呼吸困难。

但是,松下幸之助对于这份他喜欢的接线工作还是很投入,不知不觉间他早就把酷暑还有灰尘抛之脑后,工作的投入甚至让他忘记了时间。在完成工作从天花板上下来后,他有种难以言喻的凉爽感,还有完成工作的喜悦,这份快乐就像在天堂一样。也许是这段经历令他印象深刻,他屡次提到这件事。

相信聪明的读者已经发现了,松下幸之助的工作状态其实就包含了我们在第 1 章讲过的"心流"构成要素。具体来说,松下幸之助拥有为电灯接线这个明确目标,并且他的脑中只有当下的工作,一直集中注意力甚至忘我。也就是说,松下幸之助在下意识中经历了心流状态。

之后,松下幸之助成了经营者,也开始用人,当他看到员工们的工作状态后,总觉得少了些什么。这也许是因为他觉得松下电器的员工虽然每天都做好了应该做的事,但是并没有在眼前的工作中达到忘我的投入状态。又或许是他看到了个别人工作的时候并不快乐。也就是说,松下幸之助之前在大阪做电灯接线工作时感受到的快乐、充实感,并没有在所有人身上体现出来。

因此,松下幸之助希望自己的员工们能够热衷于工作,通过享受工作进而让自己的人生变得更加幸福

(即希望对方体验到心流带来的幸福感),就像当初自己投入工作时达到的忘我状态,并在制造产品的基础上重视人才的培养。

松下幸之助说:"自己工作得再开心,若是其他人工作时很痛苦,我也会心怀愧疚。"正是根据松下幸之助说的这句话,我才有了以上的推断。

进军中国市场

在此,我要介绍一下松下电器在进军中国台湾市场时,关于人才培养的一个成功案例。虽然不是松下幸之助亲自指导的,但是从中也可以看出松下电器一直以来贯彻的"松下主义",即"制造产品之前,先培养人才"。这件事是我本人从合资公司成立时的一个主要成员——堀正幸那里听到的。

1962年10月,松下幸之助和中国的名人洪建全合资成立了台湾松下电器股份有限公司(以下简称"台湾松下")。在创立台湾松下时,松下幸之助提出一个要求,即保留 60% 的股份。但是中国台湾地区相关部门要将松下电器的出资比例控制在 50% 以下,于是对松下幸之助提出的创立公司一事并不赞同。为了推动工作,松下电器的副社长高桥荒太郎向有关部门人员解释了松下电器的基本经营方针,以及在中国台湾地区开展业务的三个基本原则。

基本经营方针

为人们生产并提供好的商品,构建丰富的电气化生活,为社会发展做出重大贡献。

三个基本原则

第一,台湾松下是中国台湾地区的公司,要将其打造成一个由当地人经营并且自主自立的公司。

第二,将台湾松下打造成一个具有全球市场,生产高质量产品的公司。

第三,将台湾松下打造成一个在当地就能筹措到资金并独立经营的公司。

出自《松下的国外经营》

有关部门人员在听到这些方针和原则后,感受到了松下电器对海外市场的重视和真诚,并对此十分感动,于是决定同意松下幸之助在中国台湾地区成立公司。顺便一提,上面提到的基本经营方针和三个基本原则,之后便作为松下幸之助在国外发展业务的理念,同时也成为松下电器在各个国家或地区发展的基石。

台湾松下培养人才最重要的一点,即除了社长以外,不允许任何松下电器的员工介入,也就是说公司在技术和经营上的指导主要采取顾问的形式。总之,台湾松下要在一开始赋予当地人重要的职位,并让每个人身上都担负起骨干的责任,从而促进他们的思想、知识、判断力及行动力的提升。后来,那些当初还不是很成熟的当地人,在长时间的培养中,也具备了一个骨干员工应有的能力,终于台湾松下将他们培养成和松下电器员工同样优秀的人才。

此外,不管一个人的学历如何,台湾松下不会对他们区别对待,不管是中学毕业还是大学毕业,他们作为员工的待遇都是一样的,在职位和晋升上也是平等的。这样的人事方针有利于提高当地员工的工作积极性，也能让他们每个人都养成自主努力的习惯。在自主性上，台湾松下不打卡，让员工快快乐乐上班，但实际上也因此形成了一种积极工作的氛围，大家也可以自由地放宽心去工作。

只要有机会，松下幸之助就会为全体员工讲述基本经营方针还有三个基本原则，从而促使大家独立设定目标并努力完成。当然，不仅仅是个人，整个公司都要提出一个目标，努力实践并完成。台湾松下最后取得了成功，"充满信念，独立并开心地工作"的理念体现得淋漓尽致。员工只要被委任了重要的工作，就带着信念去工作，力求让社会变得更加富裕。这不禁让我想起，松下电器的全体员工团结一致、充满社会使命感，想让松下电器发展更好的热情。

台湾松下的员工并不是为了活下来做着苦差事，而是为了构建理想中的幸福、富裕的社会，不断前进并获得了幸福。由此也可以看出每个员工都能将自己的注意力集中到每天的工作上，并不断挑战自己能力的极限。也就是说，此时的他们，或多或少体验了"心流"。

虽说在制造产品之前要先培养人才，其实将制造产品和培养人才同时进行才是正确的。但根据指导上的优先顺序，那些派遣到中国台湾地区的松下电器员工还是把重心放在了人才培养上。台湾松下虽然在成立之初工厂无法正常运转，销售网络也不完备，甚至出现了赤字，但是之后台湾松下还是顺利地提升了业绩。

台湾松下人才培养的工作方式与松下幸之助写的《实践经营哲学》中的内容基本一致，因此我引用书中的一部分进行说明。

人们都说"一个人的成长会促进一个公司的发展"，其实确实如此。任何经营模式只有合适的人在才能发展下去。不管一个企业有多么优秀的历史还有传统，若是没有一个人能将这种传统以正确的方式传递下去，这个企业也会走向衰弱……

培养一个人才的方法实际上有很多。但是最重要的是，一个企业为了什么而存在，或者说这个企业如何经营。一个企业必须牢记这种基本的思维方式，换句话说，要牢记正确的经营理念还有使命感……

此外，一个企业要经常对员工讲述以上经营

念，并让它们成为员工操行的一部分。

所谓经营理念，若只是纸上谈兵便无任何用处。为此，经营理念需要成为每个员工操行的一部分，只有这样才能将它们应用起来。因此，一个企业必须利用所有的机会向员工反复讲述一个公司的经营理念。

松下幸之助所说的"正确的经营理念还有使命感"便是前面提到的基本经营方针和三个基本原则，要让包括骨干在内的所有员工都深入理解这些方针和原则，只有这样，才能提高人才的水平，提高他们的工作积极性，进而提升企业的业绩。最好的例子就是台湾松下的成员正确地传承了松下幸之助的思维方式，才得以让一个企业走向成功。

松下幸之助眼中的人才培养

我还听说了很多留存下来的有关松下幸之助的故事，通过分析他的言行，我脑海中不禁浮现出他说

"要培养出优秀人才"时的形象。松下幸之助的一言一行都在刷新着员工们的认知,激发他们的潜力,鼓舞并激励着他们,促进他们的成长。

在此,我将引用《通过故事读松下幸之助》这本书中的几个例子进行说明。

松下幸之助曾经叫来一个人,并把他调到了事业部,也就是制造产品的部门。这个人之前是在机关工作的,四十岁之后才来到松下电器,在人事部任管理相关职位。这个员工虽然是在制造产品的公司工作,但是对产品制造本身并不了解。估计松下幸之助是想让他感受一下制造产品的现场,于是让他把办公桌搬到工厂去,而不在办公室工作。松下幸之助本人早已把工厂当成了自己的第二个家,他是靠自己的努力创业的,想必他这么做,也是因为自己的这段经历。他开始思考在一个制造产品的公司里,到底怎么做才能把一个员工培养成一个有用的人。

1933年时发生的一件事也很有意思,当时松下幸之助刚刚在大阪东北部的门真地区设立了工厂。松下幸之助为了纪念新工厂的建成,特意邀请各位来宾,并且在前一天的晚上,就提前去熟悉第二天客人们参观的路线。当时松下幸之助在"尚武馆"(工厂里附设的一个道场,员工在这里可以进行柔道和剑道的训练)中发现了一个有点奢华的神龛。于是他叫来这里只有26岁的年轻的厂长,并命令他在第二天早上之前把神龛换一个更朴素的。对此,这个厂长感到十分头疼,他来到大阪的繁华街区,直到半夜才找到一家卖神龛的店,于是他就求那家店给他开门,这才买到了一个朴素的神龛。

三天的宴请终于顺利结束,松下幸之助叫来那个厂长,并对他说了番爽快话。松下幸之助并没有慰劳他辛苦买到神龛,而是对他说:"你得给我点儿学费。我可是亲自教给了你经营的秘诀。你有一天就会知道经营的秘诀是很多钱都没法换来的。"当这个年轻的厂长听到松下幸之助对他说,他找了一晚上神龛这件事其实就是"经营的秘诀"时,估计他心中一定会有种难以言喻的感觉。

实际上,这个厂长做这些其实并非分内之事,但他没有在乎松下幸之助交给他的这件事是不是在他工作职责以内,也没有考虑会不会拿到加班费,而是靠自己的努力解决了问题,从中也可以看出他有一个身为经营者的精神。也就是说,他做这件事时并没有找任何借口。当然,松下幸之助并不是真的向这个厂长要学费,但不可否认的是,这个年轻的厂长确实也学到了很多重要的经验,学会如何去经营自己将来要负责的工厂。换句话说,比起制造产品,松下幸之助教给这个厂长的是作为一个经营者的重要经验。

在这里必须说明的是,松下幸之助究竟要培养什么样的人才。如果他脑中对于理想的员工没有一个明确的定义,或者说在某种程度上没有一个固定的方向,仅凭一时的想法,一切最终只会成为随意的说教罢了。其实,松下幸之助最根本的思想就是在各种场合,通过他看似难以捉摸的言行引导各位员工,并希望培养出的人才能够充满为社会做出贡献的使命感,享受每天的工作并投入其中,由此可以领悟生活的意义,过上幸福的人生。

在此,我重新梳理一下松下电器的企业活动和理念。松下电器在20世纪二三十年代就一直标榜的社会使命，实际上就是通过研发并生产出的电器让人们的生活变得更加便利，以合适的价格把商品投放到市场上，以此来提高人们的幸福感。而为了给人们带来幸福，就要培养"有正确思维的人"来为人们的幸福服务。

人们在工作时要有一种态度，即不仅要让自己幸福，而且要让他人幸福，从而感受到一种更大程度的幸福和快乐。只有当你希望带给别人幸福时，才会将热情投入产品的研发、制造和销售工作上，这时就会进入心流状态，同时也会在工作本身中感受到快乐和幸福。只有这样，消费者在拿到松下电器的产品时才会感到幸福，才会成为松下电器的支持者，他们的这份幸福最后也会传达给松下电器的员工们，如此一来幸福便翻倍了。因此所谓"制造产品之前先培养人才"，可以说是一个给整个社会带来幸福的哲学。

商业是用来造福人类的

松下幸之助希望从商业中追求人类的幸福，这种想法在很多地方与心流的提出者契克森米哈赖一致。接下来，我将引用契克森米哈赖的著作《心流：最优体验心理学》，同时就商业与幸福的关系进行思考。

幸福是人类的终极目标，但幸福究竟是什么，哲学家们并未找到相应的答案。因此，本书将对幸福这一概念进行讨论和研究。

哲学家在很长一段时间内，都坚信幸福是人类存在的终极目标。亚里士多德将幸福称为"最高的善"。我们想要得到金钱和权力这些身外之物，无非就是认为只要得到那些就会变得幸福，同时也在寻求一种幸福，这种幸福是实现某个目标后得到的幸福。数个世纪以来，尽管人们对此众说纷纭，但仍旧没有解决这个难题——幸福实际上为何物、幸福是否存在。或许人们的期待只是一种理想化的状态。

正如契克森米哈赖所说，人类把获得幸福当作终极目标。这一点毋庸置疑。但在很长的一段时间内，哲学家并没有得出一个令人满意的结论以解释真正的幸福到底是什么。人们模糊地将幸福想象成得到一切想要的东西。

在很早之前,人们便会通过各种行为来获得自己想要的东西。在最开始只是单纯的物物交换,到最后完善货币制度和流通机构,并产生了"商业"这一概念,意为通过提供物品或者服务来获得相应的报酬。人们通过商业行为向他人提供他们想要的东西,并通过商业所获的报酬来获得自己想要的东西。契克森米哈赖是这样解释"幸福"和"商业"的关系的。

对一些人来说,工作是沉重的负担,因此人们可能很难接受幸福和商业是相互关联的这一观点,但这两者的关系却紧密到难以言喻。一般来说,商业的存在就是为了让人类变得更加幸福。古代有商人将琥珀从波罗的海运往地中海,将盐从非洲沿海运到非洲内陆,将香料从东面的岛屿运到世界各地;现在有贸易商每年推荐新型车,由此可知物品的生产和交易只有在提升体验的质量上才有其存在的意义。顾客对那些能够让自己幸福的产品和服务满意后,便愿意支付相应的费用。

在顾客看来，有价值的产品和服务能让自己变得更加幸福，但这种判断正确与否尚不可知。若能找到一种新的方法来满足这种期待，那么这对于创业者来说就是一个好机会；若不能证明其对幸福有益，那么基本上是没有价值的。比如，贝尔实验室开发出的半导体技术就被认为没什么市场价值，因此它的专利只有几千美元，并被索尼购入。索尼的想法是将半导体放入便携式收音机当中，它精准预测到，在一般情况下，人们听音乐时要比不听的时候更幸福，如果一边走着一边听音乐，那么人们一定要比平常更幸福。就这样，拥有先进电子技术的全新市场基于幸福的愿望被创造了出来。同样的情况不计其数。

其实不断创造各种产品，主要是为了给予人们各种幸福。准确来说，人们愿意花钱去购买那些可以让自己变得更幸福的东西，因此那些不能给予人们幸福的产品，基本不会成功，最后都会被淘汰。

同样，一门新技术的研发，也只有在能够让人们幸福的前提下才能不断进步。便携式收音机就是个很好的例子，它通过半导体技术实现了惊人的精准化。

自 21 世纪以来，计算机以惊人的速度实现了高性能并不断发展，汽车以难以想象的速度实现了环保性能优化，甚至电视也因其优秀的画质、音质而闻名，以上这些技术都为人类的幸福做出了贡献。

1918 年，松下电器发售的改良版插头，也为当时的人们带来了幸福，很多人争相购买。松下电器作为一个企业，不仅为人们造福，而且不断开发新的技术与产品，让人们今天永远比昨天更幸福，这也许就是松下电器广受全世界欢迎的原因。

最高级的幸福就是完成自我实现

事实上，不管获得多少物质或金钱，人类仅凭这些并不能获得幸福。但如果没有物质和金钱，人类就无法在这世上生存，因此我们不能从根本上否定物质主义本身。大多数产业都是对人类幸福有益的。但是，正如契克森米哈赖所指出的，物质和金钱在达到标准前，当然是越多越幸福，一旦超过标准，人们就不会更加幸福。对此,契克森米哈赖利用亚伯拉罕·马斯洛的需求层次理论来进行说明。

正如心理学家亚伯拉罕·马斯洛所说,人类最基本的需求是保证生存的需求,也就是衣食住行。但是对于一些幸运的人们来说,他们不必担心生存,但即便他们拥有衣食等,也只不过是附加了一点价值。

话说回来,如今人们对于安全的关注,即人们对于维持现状、规避危险等的关注,也在开始提高。但即便这种安全需求得到实现,人们是否就会变得幸福呢?实际上未必如此。这种关注会逐渐演变成一种感情,想去爱别人,想被别人爱,想归属于比自己现在范围更大的区域或者社会。

大多数人若达到这种水平,便会过着满足、相对幸福的生活。此时,自我满足已经是一个节点,但人们的"旅途"是否就此结束?就到此为止?除此之外还有另一个选择,那便是马斯洛所说的自我实现。

所有人天生就具备某种才能,只不过大多人都没有发现。一个人通过最高层次的幸福(自我实现),可能会展示出有机体中的潜力。这就好比通过进化,神经系统中配有安全装置一般,只有充分发挥出最佳状态、将体能与智力发挥到极致时,我们通过这些能力生活,才会感到更高级的幸福。这些机制可以保证,人类其他所有需求被实现后依然能够发挥已有的才能,从而不仅会维持现状,还可能会继续创新并成长下去。

众所周知,马斯洛的需求层次理论由5个层次构成,分别为生理需求、安全需求、情感与归属需求、尊重需求、自我实现需求。生理需求即维持生命的基本需求,安全需求即为获得安全状态的需求,情感与归属需求即想从属于某个组织或被某个人爱的需求,尊重需求即需要自己的价值得到认可和尊敬的需求,自我实现需求即发挥自己的潜力并进行创造性行为的需求。若达不到前四个层次,便会有种空虚感,即"需求缺乏",最终的自我实现需求即便得到一次满足,但人还是会不断成长并试图获得更大的满足,因此这种需求被视为"成长需求"。

契克森米哈赖之所以使用马斯洛的需求层次理

论,主要在于生理需求和安全需求是在物质和金钱标准之上的阶段。通常来说,人的生理需求和安全需求基本得到满足后,接下来将会出现情感与归属需求,或是尊重需求。虽然有些人在达到这些层次后会很满足并感到幸福,但还有一些人开始追求更高层次的自我实现需求。最后,正因为人们充分发挥出自己的潜力,才可获得最高级的幸福。

松下幸之助对于人才的培养是使其走上自我实现之路

松下幸之助起初通过生产电器,为人类带来幸福,但实际上他所做的事绝不只有这些。首先,他希望员工不只是为了工资而工作,更是为了一种巨大的使命感而工作。他在1929年制定了提及企业社会责任的纲领和信条,在1932年制订了让世界消除贫困的目标,同年还提出了"250年计划"。他向人们展现了一个公司的理念和使命,也展现了对社会做出贡献的构想。

为实现这样一个终极目标,松下电器的员工们的士气高涨,他们也能够最大限度地挖掘并发挥自己的潜力。所谓社会贡献就是员工们的"自我实现",同时在松下电器理念的引导下工作也升华至一种行为,这种行为充满了自我实现的快乐。特别是在1932年,松下幸之助提出了自来水哲学和"250年计划",通过员工们的自我实现,松下电器的发展势如破竹。

初期阶段,松下电器的理念只是单纯的"制造产品之前,先培养人才",而到后来逐渐发展为"在生产之前,先用理念培养人才,通过充分发挥潜力来达到自我实现,在享受工作的同时制造出高品质的产品,通过高品质的产品为社会造福"。

松下幸之助带领的员工水平各不相同,但也因此体会到了"自我实现"的幸福感。这是因为,在面对一个伟大的使命时,人会最大限度地发挥自己的力量,并投入工作当中,这与契克森米哈赖所说的"将体能与智力都发挥到极致"基本一致。

接下来,再补充说明下契克森米哈赖对于幸福和商业的看法。

幸福和商业还有一个重要关系,即不可能只是一个人对生产和分配负责。也就是说,不管一个企业是规模不大的食品店或传统工艺店,还是拥有几千名员工的大型企业,员工之间都是相互关联的。一个企业或组织的员工们若能感到幸福,其生产效率和工作积极性也会随之提高,离职率自然也会降低。因此,每一个管理者都希望自己所领导的组织可以繁荣,他们都应该去了解什么会使人幸福,同时也应尽可能地有效利用这一知识。

这一部分似乎在描述松下电器本身。在"制造产品之前先培养人才"这一信念下,通过赋予并重视培养一生要从事的事业的理念和目标,松下电器的员工们发挥了自己的潜力,每个人都体验到了自我实现的幸福。当然,通过充分发挥潜力,员工们的生产效率及工作积极性也大大提高了。

此外,契克森米哈赖还说道:"成功的企业并不只是创造利益,它也在完成对人类幸福有益的一项工作。"同时,松下电器、制造并销售产品的员工还有购买产品的消费者,他们都是朝着幸福之路前进才走到了今天,这便是契克森米哈赖口中"好的商业"的一个实践。

自我实现和真正的幸福

接下来,还是引用契克森米哈赖的话,就"如何获得幸福""真正的幸福是什么"这两个话题进行研究。

契克森米哈赖说,人类创造幸福的潜力主要是通过"差异化"和"统一化"实现的。

人类的潜力通常会创造幸福,要完全发挥这种潜力,主要是看"差异化"和"统一化"是否可以同时存在。若能了解它们如何发挥作用,便能非常轻松地走上幸福之路。第一是差异化。我们每个人都是不一样的个体,每个人都应该对自己的生存和幸福负责,通过行动来展现自己并乐在其中,相信自己并不断进步。第二是统一化。换句话说,不管一个人有多么独一无二,都要融入他人还有周围的环境。完全差异化和统一化的人,是复杂的个人,这些人会有最好的机会过上幸福、充满活力、有深刻意义的人生。

总之,差异化就是要发挥个性,在享受自己拥有自主性的同时去做某件事,而统一化则是在周围、社会,以及自然环境中保持协调去生活。此外,"复杂的个人"可以理解为,在包含工作的各种人生场合,通过多次反复地实现"差异化"和"统一化"的过程积累经验,提高学识和技能,挖掘潜力,进而在各种意义上,能够实现积极思考和行动。假设只是单方面地追求"差异化",也许这个人并不能适应社会;若只专注于"统一化",估计这个人今后很难感受到自己作为个体存在的价值。因此,不难想象,只有"差异化"和"统一化"平衡,才能获得更大的幸福。

其实,人们在一生中,会潜意识地将"差异化"和"统一化"结合在一起反复进行,在越发"复杂"的同时,人们也会成长。当然,复杂的程度,即人们会成长到什么程度,是因人而异的,但"差异化"和"统一化"都无疑是人们成长过程中不可或缺的要素。

对于从幼儿时期再到少年时期这段时间,契克森米哈赖解释道:

> 人们的进化过程可以看成不断摇摆的钟摆,这个钟摆在独立和统一之间摇摆,又或者是在寻求个性和想要从属于更强大的组织之间摇摆。婴儿第一次知道自己的脆弱、知道自己很容易会受伤,成长过程的最初阶段自此开启。在人生伊始,对于婴幼儿来说最重要的便是去接触母亲或是类似于父母这种强大的人。
>
> 但是,一旦极度依赖父母的这一年过去,婴幼儿便会想要独立,他们开始急切地想要按照自己的想法行动,一般在遭到阻碍后便会愤怒。在以前,这个年龄段被人们称为"可怕的两岁"。
>
> 大多数的孩子,随着了解家庭以外的广阔世界,他们会觉得自己太过渺小,甚至最后有人变得胆怯。在这个时候,他们开始注意到,自己要和朋友好好相处,或者被比家庭更大的团体接受并认可。以上是个人融入社会的阶段,对于绝大多数人来说,这也是个人发展的必经之路。

但是,在青春期之前,大多数青少年对于仅仅适应这个阶段,已经不再满足。个性变为一个重要的目标,如果很难彰显自己的个性,他们便会反抗。最后,有人会回到那个适应的阶段,也有人在反抗和适应之间摇摆不定,或者还有极少数人不断地寻找自己的个性。

不管是在东方还是在西方,人们都是要经历一个同样的发展过程才能成长。精神分析学家兼临床医生爱利克·埃里克森认为,即便在著名的人格发展理论中,人们在人生各阶段也会遇到不同的难题,在经历挫折和克服困难的过程中,确认自己的身份(差异化),具备社会性(统一化),之后不断进步发展。不管怎么说,他认为差异化和统一化都是人们自身为获得幸福的必需品。在经历人生各阶段的过程中,人们朝着最终的"复杂性"不断地发展。

终点,也是人生发展的最高阶段,在这个阶段,人们会磨炼自己的独立性,控制自己的思想、感情和行为,同时也会感受到自己与无穷的宇宙融为一体。到达了这个阶段的人,可以说是真正的幸福。

在此,我就什么是"真正的幸福"一问进行回答。亚里士多德将其称为"最高的善"。现在,哲学家们仍然没有明确给出答案。真正的幸福,意味着个性和协调性都达到了最高的水平,可以说这就是"自我实现的最终阶段",这种心境也可以说是"高维度的心流"。

这样说,可能有人会理解为只有自我实现的最终阶段才是幸福的,但事实上绝非如此。在人生发展过程的各个阶段,当差异化和统一化达到平衡时,我们便会进入心流状态,并感到快乐和幸福。

促进差异化和统一化的人才培养

第二次世界大战期间,很多恶劣的因素导致企业运营困难,虽然这主要是对于负责人来说的,但这有一定的普遍性,在任何时代都是通用的。对此,松下幸之助说过以下这段话。

若能意识到自己真正的使命并坚持下去,工作便不会有困难,就能在快乐中顺利完成工作。在炎炎烈日下,棒球的投手投球投得汗流浃背,这看起来很不容易,但我认为投手本人并不会觉得很难。因此,我想用"工作使人快乐"这个指导理念来经营事业,不把困难当回事。

《松下电器50年简史》

如果用契克森米哈赖的心流来解释以上行为,棒球选手们通过练习,学习到了技术并将其运用(差异化),他们为了团队的胜利(统一化),为比赛努力(心流)。在炎炎烈日下,棒球选手们努力的样子,乍一看会让人觉得很辛苦,但实际上参加比赛本身就是一种快乐,这便是一种自我实现(进入心流状态得到的快乐和幸福感)。

同样,如果意识到真正的使命是为社会做出贡献(统一化),每个人都在为工作拼尽全力(差异化),便能进入心流状态快乐地工作,同时也有利于自我价值的实现。因此可以说工作会让人快乐。

除此之外,松下幸之助通过各种方式进行人才的培养,并在自己的著作中阐述了想法,其中大部分都与契克森米哈赖的"差异化"和"统一化"的理论吻合。比如,"确定基本经营理念,并传达给员工"被视为松下幸之助的经营哲学的核心,基于这一理念的经营哲学必会促进员工之间精神的"统一化",让整个公司团结一致,并让大家充满工作的使命感,社会变得多样化,进而使松下电器实现更大的发展。

此外,还有一些方针,如"倾听员工的话""信任员工并委派给他们任务""人尽其才"等,都会促进每个员工"差异化",也有利于培养他们每个人的实力。

"信赏必罚"这一方针说的是,对待全体员工时要公平,在他们值得夸赞的时候适当夸赞,在他们该批评的时候批评。在这一方针下,才有可能培养员工"统一化"意识,即大家都处于同等的立场工作。

这样看来,"差异化"和"统一化"可以说是人类发展过程中的普遍法则,这两者已经非常自然地融入人才的教育和培养过程。其实,松下幸之助可能不知道"心流""差异化""统一化"等词。但是,他不管是作为一个普通人,还是一个经营者,在几度战胜了艰难险阻的过程中，他有了很强的洞察力，同时也成为一名专家，可以看透一个人或一件事的本质。因此，他才得以想出并构建一套符合人类本性的思维方式和领导方式。

此外，在松下幸之助的指导下，员工能最大限度地发挥潜力。他们在各自的工作岗位上，想要满足"自我实现"这一作为人类来说最大的需求。当然，每次进入心流状态，便会进一步"差异化"和"统一化"。员工们感到幸福，就会快乐地投入工作中，在快乐的氛围下生产出的产品，也会带给人们幸福。自创业起来，特别是1926年之后，松下电器完全贯彻"制造产品之前，先培养人才"这一方针，带来了很好的教育效果，并在之后成为松下电器繁荣发展的基础。

CHAPTER 3
第 3 章

"如同手表的收音机"的创新

  手表是由各种复杂的部件组合而成的小物件，基本不会产生故障。我一直相信绝对可以生产出没有任何故障的收音机，不如这个时候我们从根本上改一下设计。今天的失败在某种程度上来说就是明天的成功，所以我们绝对没有必要太悲观。

——松下幸之助

挑战收音机

接下来,我们一起来看看松下电器在早期是通过哪些方法才实现"能力"飞跃的。其实在这里心流也发挥了重要的作用。

我们一般把松下电器这种生产商品的公司称为"制造公司"。但如果只是效仿其他公司生产并销售类似产品,恐怕最后会陷入价格竞争,更不用指望有更长远的发展了。一个公司要想在未来实现飞跃,就必须创造新的价值,并被市场广泛接受。如此,一个有创造力的公司会研发一个划时代的商品并开拓出一个新的市场,再将由此获得的资金用于研发商品,进而降低已有产品的生产成本并提高产品的性能,与此同时,也会进一步加大创造新价值的力度。

松下电器之所以能发展成全球的电器厂商巨头,主要是因为它能够研发出划时代的商品,能够通过创新不断创造出新的价值。也就是说,松下电器成功的主要原因便是一直创新,同时也拥有能研发出让终端客户满意的产品的高超能力。

第3章
"如同手表的收音机"的创新

想必大家都知道约瑟夫·熊彼特提出了创新理论。创新理论并不仅仅是指发明或者技术上的创新,也可以在原材料、技术、产品流通等经济行为的各个方面进行结合,并坚持将其实现,开辟一条新的道路,这就是人们所说的"完成新的结合"。

很久以前,国外就发明出一种划时代的新材料——电木(合成树脂的一种)。松下电器自创业以来,就将电木用于生产双脚插座,可以说这一行为超出了人们的想象,成功实现了成本的削减,让人们也能买得起看起来奢侈的电熨斗。同时,松下电器也在壁炉的制造过程中建立了事业部,在日本实施的门店制度也为日本的家电化做出了重大贡献。此外,松下电器大力投入的经营也是建立在人才培养及其理念,还有社会使命的基础之上的。总之,松下电器在各个领域的不断创新帮助它自身实现了惊人的发展。

在本章,我将研究松下电器一直创新的源泉,并探索松下电器创造性的实际情况。以往研究的松下电器的创新大多是产品和技术等的创新,但我将以更客观的角度,分析松下幸之助作为一个企业家,是如何发挥独创的想象力,并将其用于松下电器具有创造性的经济行为还有能力的提升上的。

为研究松下电器的创造性,我将以"当选号"的故事为例进行说明。"当选号"于1931年发售,是风靡一时的新型收音机,也是一台"如同手表的收音机"。由于这个故事有点长,所以这里引用《松下电器50年简史》中介绍的收音机研发的整个经过。

1930年松下电器迈向收音机领域。

…………

大多数厂商在迈向收音机领域后,基本上每年能够生产出20多万台收音机。这个时候生产的收音机在功能上还不是很完善。另外,令听众头疼的还有收音机容易出现故障。

松下幸之助之前虽然把重心放在了收音机的社会性上,但是当收音机偶尔出现的故障导致他不能听到喜欢的节目时,他也会愤愤不平。因此他下定决心必须生产出一种"没有故障的收音机"。松下电器调查了收音机的市场情况,结果发现:收音机容易出现很

第3章 "如同手表的收音机"的创新

多故障,如果将收音机交给没有专业技术的普通电器店是卖不出去的;由于竞争激烈,批发商无法保证在价格合适的基础上还有十全十美的服务,因此很难做成生意;虽然批发商也认为收音机市场很有前景,但他们对不良产品的退货问题感到十分苦恼。

因此,在松下幸之助看来,松下电器只要生产出"没有故障的收音机",一切问题都会迎刃而解。他希望收音机也可以在普通电器店销售,不仅不能辜负电器店的期待,也要让所有消费者满意,更要为行业的发展做出更大贡献。于是,他便推进了这个计划,以便早日销售没有故障的收音机。

此时,松下电器的收音机生产体系还不是很完备,因此松下幸之助决定要和一个既能保障质量又值得信赖的收音机厂商合作。于是,在1930年8月,松下电器收购了大阪的K的工厂并成立了分公司——国道电器。K这个人有优秀的技术,同时认同松下电器的方针,于是他就接下了收音机的生产工作,决定基于松下电器的销售渠道出售产品。

但是,在开始出售收音机之后,因故障问题,退货的现象频繁出现,这一点完全背离了松下幸之助的意愿,于是松下幸之助对实际情况迅速进行了调查。

之前和K合作的是拥有收音机相关专业技术的专卖店,在出售产品之前,都会进行检查和调整,因此至今都没有出现过故障。但是松下电器的销售渠道主要以电器店为主,由于大多数电器店的人不懂得收音机的相关技术,因此即使只是收音机的螺丝松动,只要收音机没声了,就会被当作残次品处理,这才会发生频繁退货的问题。

为了解决这个问题,K提出像从前那样,只把收音机交给有专业技术人员的专卖店销售。松下幸之助还是一直坚持他开始的想法,认为:"松下电器既然决定做了,就要打破以往的观念,生产出的收音机不仅要在专卖店出售,也要在没有相关技术人员的电器店出售,并让大部分人满意。只有这样,与K合作销售收音机才是有意义的。"同时他希望K能够将收音机的设计做出一定的改变。

"出现频繁退货的主要原因在于,收音机的营销网络基于的是技术上还不是很成熟的松下电器,对此我觉得十分愧疚。但同时,我也得以首次了解收音机行业。另外,我越来越觉得自己肩负着巨大的责任,我的信念变得更加坚定。因此,不管要付出多少,我还是要实现当初的那个计划。

"手表是由各种复杂的部件组合而成的小物件,基本不会产生故障。我一直相信绝对可以生产出没有任何故障的收音机,不如这个时候我们从根本上改一下设计。今天的失败在某种程度上来说就是明天的成功,所以我们绝对没有必要太悲观。

"我们绝对不能先入为主,认为收音机本身就是有问题的。我们首先要有一种观念,即收音机本身是非常简单的。虽然要把杂乱的部件都塞到这个大盒子里,但是只要我们整理一下,让它变得更合理,就会生产出一台完美的收音机。只有每个员工都有这种观念,才能在短时间内生产出理想中的收音机。"

K 对改变收音机的设计还是不赞同,他强调这在技术上很难做到,同时还主张要改变销售渠道。最后,两方商谈之后,在 1931 年 3 月,国道电器归属松下电器,而 K 则独立开展收音机相关工作。

因此,松下电器必须重新开始研发收音机。国道电器的技术人员都去追随 K 了,此时松下电器没有一名研发收音机的专业技术人员。即便如此,松下幸之助还是命令研发部门立即研发出没有故障的收音机。

3个月后,在研发部门的共同努力下,终于研发成了接近理想状态的三球式收音机样品,同年还获得了东京中央放送局(现在的日本广播协会NHK)评选的一等奖。

松下幸之助把这种收音机放到一个新型的盒子里,并将其命名为"当选号",以四五日元的价格出售。

....

在那之后,松下电器采取了一系列方法,如提高产品质量、大量生产及制定合适的价格等,不仅带动了行业的健康发展,而且开拓了大批消费群体,仅仅四年时间松下电器就一跃成为行业内的巨头。

值得一提的是,当松下电器迈向收音机市场时,松下幸之助为何会想到要生产没有故障的收音机?当然,我们可以理解成他是为了让那些消费者满意,为了响应市场需求等社会意义。毕竟,一个生产企业的职责就是为终端客户提供没有故障的产品。但是在当时,人们普遍认为收音机的结构复杂,在某种程度上来说有故障也是正常的。但是松下幸之助认为,研发产品时不应该被社会常识所左右,"一定能生产出和手表一样精巧又没有故障的收音机"。究竟是什么原因让他对这种想法有着如此深的执念呢?

松下幸之助在收音机领域就是一个门外汉,加上那个时候恰好国道电器的专业技术人员都追随 K 走了,松下电器没有一名研发收音机的专业技术人员,但即便如此,这个看起来有点夸张的计划,还是在短短 3 个月之后变为现实。这次戏剧性的创新可谓是颠覆了行业内的常识,我将会从下一节开始依次讲述这次创新成功的原因。

心流状态下的彻底思考

在研究之前,我希望明确一点:松下幸之助是经常进入心流状态思考并行动的。所谓心流,我在第 1

章说过，它是将注意力集中在眼前的目标，甚至忘却时间和自我，完全投入当前行为中的一种意识状态。

在对与松下幸之助有关的各种文章、讲话还有故事等进行调查并不断研究之后，我发现，松下幸之助最初进入心流状态可以追溯到他做学徒的时候。松下幸之助从9岁开始做学徒，即使被安排清扫门店，他也会专注地打扫。沉浸在眼前工作的过程中，他会有一种充实感。

此外，在第2章中我们还提到了松下幸之助在大阪电灯工作时候的事，当时他沉浸在给有200年建筑历史的寺庙接线的工作中，甚至忘记了时间。从这件事情当中，我们也能充分感受到松下幸之助进入了心流状态。此外，我们也能推测出比起结果，松下幸之助更重视挑战，并把完成挑战本身当作目标。

松下幸之助在做接线工时，短时间内就掌握了优秀的技术，很快就成了检查员，出人头地。检查员是一个中层管理者的职位，主要负责逐一检查其他接线工的工作。当然，松下幸之助也为自己能得到提拔而感到很开心，这意味着工资也会随之上涨。虽然检查员和工作起来汗流浃背、满身灰尘的接线工相比更加轻松，但是松下幸之助对于这份没有充实感的工作，也是没有让他进入心流状态的工作感到无聊，于是他选择了创业研发新型插座。也就是说，松下幸之助需要的是更大的内在报酬。

还有一件趣事：在松下电器成立之初，松下幸之助自主研发了插座产品，但是其销售额并不理想，因此生活十分紧张。松下幸之助的妻子梅之为此不得不去典当首饰，甚至还为每天的洗澡钱发愁。一到了要去洗澡的时间，梅之就会和松下幸之助聊工作，于是松下幸之助就投入工作当中，完全忘记要洗澡一事。松下幸之助进入心流状态后，全心投入工作由此可见一斑。

通过这件事，我们可以看出，松下幸之助在工作时，很自然地提高了注意力并进入心流状态，这件事不知不觉已经成了他的常态。

那么，我接下来将研究人们在心流状态中失去自我意识时是如何思考的。当人们在平常的精神状态下做某事时，会尽量进行逻辑思考。这叫作逻辑思维，一般建立在演绎法或者归纳法的基础之上，也可以理解为，基于自己积累的知识，有逻辑地思考一件事，并构建一个合理的逻辑框架，对其进行理解然后说明。

但是，从运动员的经验可以推测出，人在心流状态下可以体验到和平常不一样的思考方式。在契克森米哈赖和苏珊·杰克逊一起写的书《体育运动中的流畅状态》中，有几个有意思的例子。

一名自行车运动员表示"（进入心流状态后）对周围很多事情都会比往常更敏感，即使很小的事情也会记在心里。之所以这样，是因为自己知道在之后回顾比赛时会对其进行分析"和"并不是我看了风景，而是风景进入了我的视线。……由于不会因为痛苦、疲惫或者窒息等个人问题受到太多干扰，因此可以注意到更多的事情"。"可以看到所有的事情，并注意到很多事"这一点也很有趣。若是用往常的自我意识思考，自己的视野可能会受限，即便近在眼前的也可能会错过,但是心流状态下的感觉则与其正好相反。

此外,有一位登山家也曾经说过:"当一个人的登山路线很长时,会进入一种异常喜悦的氛围当中。……此时便能清晰地感受到我的感官变得敏锐。"总之,处于心流状态能让人的直觉感观达到一定的敏锐程度,同时还能让人用更宽阔的视角去看透事物的本质。在这种状态中,人的大脑里并不是在自我意识下的逻辑思考,而是一种超越自我的彻底思考。这就好像不断修行的僧侣们坐禅,他们在清净专注的状态下才领悟了真理。我想将这种思考状态称为与逻辑思考相反的"彻底思考"。这里所讲的"彻底"是"根本、根源"的意思。

这里还是以松下幸之助为例进行说明。在 20 世纪二三十年代,松下幸之助了解到市场上的收音机故障很多,他觉得当务之急就是为消费者提供"没有故障的收音机"。但是,当时的人们都认为收音机有故障很正常,甚至收音机的专业技术人员也断言"生产不出没有故障的收音机"。

但是松下幸之助并没有被大家的想法所左右,他还是认为可以生产出理想的收音机,并且和手表进行对比。手表比收音机要小,而且手表的内部结构非常复杂。人们为打造几乎没有故障的手表,技术水平一直在不断提高。反观收音机的构成部件,并没有手表的复杂。于是,松下幸之助重新彻底地研究了收音机的设计之后,觉得一定能生产出像手表一样没有故障的收音机。

松下幸之助之所以能想到这些,并不是因为他基于常识的逻辑思考,而是在心流状态下逐渐忘我的同时又有一种敏锐的直觉,这就和那个登山家一样,能够完整地看到事物的全貌,此时也形成了一种彻底的思考模式。他以一种不偏不倚又专注的状态看待收音机时,便能从"没有故障"这一关键词中,联想到"手表"。

这在某种意义上来说,也可以理解为潜在意识的反应,详情可见第8章。松下幸之助曾把他在企业中做重大决断的这一刻称为"没夹杂任何私心的、客观的决断"。对此,我认为当思考一件事时不掺杂任何私心,就能激发出潜在意识(集体无意识)里的智慧。

所谓集体无意识就是荣格心理学中的一个概念，它蕴含在一个人的潜在意识里，是人类共同的知识源泉。松下幸之助思考收音机时也是如此，当想到收音机时，会突然联想到乍一看与其毫无关联的手表，但这主要是因为在进入心流状态后，人不再有自我意识（私心），在这种情况下容易和潜在意识产生联系。处于心流状态已成为松下幸之助的常态，在他的意识中，要掌握各种知识并不断去思考，才会产生一种精准的想法，这种想法就好比事先预感到某件事一般。

也许当时只有松下幸之助将手表和收音机的理念结合起来，并想到要生产没有故障的收音机。松下幸之助在关注收音机的同时，也开始思考要怎样做才能尽量减少故障，这个想法是人们想也想不到的。但也正是有他这种彻底的思考，才能够研发出"当选号"这样的质量如同手表般的收音机。

由此也可以验证一个假设：堪称心流实践者的松下幸之助，他彻底的思考不仅产生了创新的理念，同时也拉开了松下电器在各个领域创新的序幕。

创新中偶遇美好的良性循环

松下幸之助接触到收音机后,认为一定能生产出像手表那样基本不会发生故障的收音机,于是他让当时研发部门的中尾哲二郎(之后成为松下电器副社长和最高技术顾问)研发出一种新的收音机。脑科学家茂木健一郎写了《偶遇美好的时代》一书。在这里我们将用书中的"偶遇美好的良性循环"这一理论来分析松下幸之助的一系列行为。

首先,我们先来了解一下"偶遇美好"的概念。所谓的"偶遇美好"(Serendipity)一般解释为"遇到意想不到的幸运的能力"或"察觉偶然的能力",它是英国第一任首相罗伯特·沃波尔最小的儿子霍勒斯·沃波尔造的词。霍勒斯在1754年给朋友写信时曾用到这个词。这个词一开始出现在《锡兰三王子》这个童话中。锡兰就是现在的斯里兰卡,这个故事讲述的是三个王子在旅途中遇到很多意想不到的惊喜,并最终达到他们的目标。

霍勒斯也像故事中的王子一样,他能够留意到在

第3章 "如同手表的收音机"的创新　73

每天的行为中，很多偶然发生的事情都给自己带来了好运。于是他想用"偶遇美好"这一词表达"接受生活中偶遇的美好有多么重要"。

茂木健一郎用"遇见""留意""接受"三个关键词形象地解释了偶遇美好。在他看来，人们在生活中会遇见很多事，但如果没有留意到那些事情中蕴含的幸运的种子，便很难接近幸福。此外，就算留意到了幸运的种子，若不能坦然接受，或者怀疑、曲解并拒绝它们，人们也很难获得幸福。在人生中遇到的很多事情当中，只有发现偶然的幸运并接受它，才能抓住幸福。茂木健一郎将遇见—留意—接受—遇见称为"偶遇美好的良性循环"，同时他在书中提到，将这三个步骤循环反复，人们就会走上幸福之路。

松下幸之助的一生在大多数情况下都符合"偶遇美好的良性循环"。比如，他在9岁时做店员，通常这对一个孩子来说会是残酷的。但是他"遇见"了五代自行车商店的店主，之后他又"留意"什么是做生意，最后便欣然"接受"。正是他从中努力学到了东西，才为他之后经营松下电器打下基础，可以说一切对于他来说都很幸运。

此外，当松下幸之助自立门户以后，他自己研发的插座基本没有多少销量，因此他吃尽了苦头。但他没有想到的是，他"遇见"了电风扇的底盘订单，但他并没有因为这和自己主营业务不同而选择放弃或是拒绝对方，而是"留意"并"接受"了生产底盘，因为这会充分用到自己的技能。这三个步骤终于给松下幸之助带来了好运，让松下幸之助获得了松下电器的启动资金。

新型收音机"当选号"的整个研发过程也与这个良性循环基本一致。20世纪二三十年代，松下幸之助"遇见"了松下电器还未生产过的收音机。当时的人们都认为收音机会出现故障。因此，松下幸之助首先就"留意"到松下电器作为一个生产企业的使命，即要生产没有故障的收音机。之后，松下幸之助"接受"这个使命，在研究的过程中"遇见"了手表比收音机的构造更加复杂精巧，但是比收音机更不容易出现故障，因此松下幸之助觉得松下电器一定能生产出和手表一样没有故障的收音机。之后，松下幸之助毫不犹豫地决定研发新型的收音机。也就是说，通过反复偶遇美好的良性循环，松下幸之助才得以指导松下电器的研发部研发新型收音机。之前所说的"完成新的结合"在这里也可见一斑。

即便当时已经有公司生产收音机，但还是没有太多人重视要生产没有故障的收音机。即便人们认识到要生产出没有故障的收音机，但还是有不少人片面地认为这在当时是做不到的。但松下幸之助不走寻常路，立志要生产出像手表一样没有故障的收音机，其原因就在于松下幸之助进入了心流状态，并达到了忘我的境界，能够清晰看到事情的全貌。他留意到收音机这个领域中蕴藏的幸运的种子，并把握住它。这也可以理解成，松下幸之助符合"偶遇美好的良性循环"。

"当选号"收音机自不必说，松下电器之所以有各种创新，主要是因为松下幸之助是一个心流的实践者，经常进行彻底的思考，每当遇到各种问题时，他总能够不断进行"偶遇美好的良性循环"。以上便是促进创新的必要条件。由此我们可以看出，创新的源泉并不是技术本身，一切事情的出发点都源自"人心"。

研发收音机的故事与创造力模型

在此,我要讨论的是松下幸之助本人是如何展开思考的,他又是如何将这种思考应用到创新当中的。这里我想从更高的角度来思考一下松下电器这个企业的创造性,因此我将参考契克森米哈赖《创造力》中的观点对松下幸之助创造性的想法进行分析。

契克森米哈赖说,创造力(创造性)主要通过个体、业内人士、专业领域三个要素发挥系统的作用,创造性主要通过三个要素的相互作用才得以体现。《创造力》中不仅提到了企业行为,还提到了各个领域有创造性的案例,通过对其进行详尽的分析来探索创造力到底是什么。下面看一下这三个要素的含义。

"个体"顾名思义指的是"人"。当然,没有人的存在,一切创造性的行为也就无从谈起。那么问题就来了:哪种人要进行哪种思考,又会产生哪种行为呢?

"业内人士"表示的是"各种行业的人",其中包括很多类别和层次,比如社会、行业、市场、企业、

第3章　"如同手表的收音机"的创新

团队、家庭、施工现场及赛场等。根据创造活动的领域和内容的不同，业内人士的范围、数量还有关联性也随之发生各种变化。

"专业领域"在大多数情况下的意思是"范围"或"领域"等，但在此我们可以将其理解成创造行为的"目的"或"对象"。

要进行某个创造性的行为，若个体只是停留在脑中思考，那么不难想象这并不会产生具体的创造性的行为。当一个人掌握的信息有限时，不管再怎么思考，从中产生的行为都是有限的。个体要与各种人打交道，并在做完某件事后获得某种刺激，进而积累信息和经验，开阔自己的视野，最后再提高创造的能力。与业内人士接触，有利于个体对某件事的挖掘，也有利于个体培养目标意识。之后，通过在获得的知识的基础上设定某个专业领域，并进行创新，由此才可以产生创造性的行为。

也就是说，个体、业内人士还有专业领域这三个要素对于所有的创造性行为都是不可或缺的，这三个要素缺一不可，才能实现丰富的创造性。比如，一个人喜欢音乐,就要在学校等各种场合接触音乐并进行学习,提高自身的能力,进而开展音乐相关活动。

此时,对于个体来说最重要的是,在达到"CS平衡"的状态中,全力应对问题。也就是说,个体进入心流状态后,会以更高的水平体会快乐,在各自的领域中产生专业的行为。相反,若遇到更难的问题时感到不安,那么个体就会努力提升技能。当技能提升后问题就变得简单,个体觉得没意思,进而便设立更大的目标进行挑战。通过重复以上的过程,个体的创造性行为便会上升一个层次。反过来说,若没有进入心流状态,一直没有达到"CS平衡"的状态,不管何时个体都不会有高级的、创造性的行为。

因此,我试着用这个创造力模型,对松下电器的收音机研发案例进行分析。作为起点的个体,毫无疑问是松下幸之助。他经常进入心流状态,在市场这一行业内,接触了经常出现故障的收音机。因此,他不断重复偶遇美好的良性循环,才成立了国道电器。

虽然经历了一次失败,但是第二次,松下幸之助让松下电器的研发部门来研发收音机,最大限度地发挥出创造力,提高技术人员的技能,最后才研发出"当选号"收音机。

　　松下电器的研发部门由于一开始并没有掌握收音机的相关技术,因此困难重重,并不能达到"CS平衡"。因而,松下幸之助提出了一个明确的目标,即"一定能生产出像手表一样,没有故障的收音机"。为此,中尾哲二郎也大力提升研发部门员工的能力。想必中尾哲二郎如此努力,也是因为通过松下幸之助的指导留意到理想的收音机,并接受这一理念,从而不断完成偶遇美好的良性循环。

　　此外,对于研发部门来说,在收音机研发这一专业领域,不知不觉地开展了"CS平衡"的创造性活动。每个人都产生了共鸣,大家进入心流状态中,集思广益,才得以充分发挥自己的创造力。

　　接下来,让我们总结本章内容,整理一下心流、偶遇美好的良性循环、创新、技能之间的关系。

　　松下电器自1918年创业以来,通过充分发挥创造力实现了飞跃性的发展,其发展的起点便是心流的实践者——松下幸之助。

松下幸之助接触了很多事，他通过在心流状态下彻底思考，看透了事物的本质，坦然接受观察到的内容，并不断重复偶遇美好的良性循环。此外，他通过将过程中产生的灵感运用到企业运营中，实现专业领域的创新。

松下幸之助的创新不仅是技术上的创新，也涉及整个企业的经营行为。比如"像手表一样没有故障的收音机"的概念创新，为组织、流通、制造等带来变革的过程创新，以及颠覆常识的划时代产品的产品创新。另外，在进行创新的过程中，还引起了"递增的创新"，所有部门的员工"技能"都会发生戏剧性的提高，并且会让企业远远超过设定的目标。

松下幸之助通过自身经历领悟到一切产生创新的主体是个体，因此加大人才培养的力度。他的付出终于获得了回报，松下电器成为一个创造性的集体，并研发出划时代的产品。可以说，松下幸之助开展的创造性的企业行为，带动了整个行业的发展。

CHAPTER 4
第 4 章

"自来水哲学"的创立

我觉得这就好比自来水。……当你拧开阀门时，即便你尽情地使用的是公共场所的水，但你很少听到有人会因此责怪你。究其原因，水本身是有价值的，但是水的量是很丰富的。……也就是说，一个生产者的使命是要将珍贵的生活物资变得像自来水一样，取之不尽、用之不竭。……只有这样，才能消除贫困。

——松下幸之助

社会使命的产生

1932年5月5日对于松下电器来说意义非凡。虽说自1918年3月7日创业以来已过去了14年,但松下幸之助还是借着"知道真正的使命,开始真正的创业"这个契机,将这一天定为创业纪念日,之后也将这一年命名为"命知元年"。"命知"一词是由松下幸之助创造的,意为"知道使命"。

在这一天,松下幸之助把所有员工聚集在大阪的中央电器俱乐部,并阐述了自己的信条。他公布了之后被称为"自来水哲学"的松下电器的使命和目标,此外也发布了"250年计划",这个计划也可以说是为实现企业使命和目标的一个重大计划。前者将在本章论述,而后者将在下一章进行研究。

接下来,我们整理一下松下幸之助在认识到社会使命到创立自来水哲学这一段期间的经历;之后,再使用心流体验论就以上内容对松下电器员工的精神还有行为产生的各种影响进行研究。此外,我也将从经济学和经营学的角度来研究经营理念的作用

第 4 章
"自来水哲学"的创立

还有现状。

首先,在自来水哲学还有"250 年计划"形成之前的这段时间,松下幸之助认为自己创立的公司是"社会的公器",那么我们就从松下幸之助认识到自己作为一个实业家的社会使命开始说起。

松下幸之助在创业不久就成为青年实业家,起初并没有觉得自己的公司是"社会的公器"。至少有一段时间他觉得"自己创立的公司就是属于自己的"。

之所以这么说,是因为总店还有工厂位于大阪市北区的大开町时,松下电器的销售额大幅上升,不得不缴纳高额的税金。松下幸之助也被沉重的税务负担所困扰。"为沉重的税务负担所困扰"这种表达方式存在一些问题,包含了松下幸之助的一些疑问还有反抗心理:"好不容易努力走到今天挣了这么多钱,怎么还要缴纳这么多税金。"我们也可以想到他的心情:"我只想按照自己的想法,把我赚的钱用在松下电器的发展上。"也就是说,松下幸之助当时认为"松下电器是自己的公司",因此才会觉得"被沉重的税务负担所困扰"。

如果这件事放在普通的经营者身上,他们一定会因为沉重的税务负担而愤愤不平,同时他们会把重心放在如何减税上。松下幸之助与他们不同,他借此机会,开始彻底思考:企业应该有的状态是什么样的,松下电器和代理店之间是什么关系,公司的资金应该用在什么地方。最后,他有了自己的想法。这个想法就是,企业是"社会的恩赐"或是"社会的公器"。

1928年,松下电器的销售额每个月多达10万日元,员工也增加至300人左右。也就是在这时,松下幸之助的想法才基本定型。不过有趣的是,他当时告诉员工,要对顾客说"松下电器在培养人才的同时,也生产电器"。大概就是在这个时候,松下幸之助不断认识到人才培养的重要性,以及松下电器应该肩负的社会责任。

. 《松下电器50年简史》中记载了1928—1929年松下幸之助的思想。

第 4 章
"自来水哲学"的创立

以下内容是当松下电器的规模扩大之时,松下幸之助回顾了创业10年以来的历程后,发表的对于松下电器的未来的演讲。

大家一直以来不懈努力,使得松下电器保持了在行业内不可动摇的地位并扩大了公司规模。同时,代理店对于松下电器的期待也越来越高。此外,随着交易额的增多,松下电器的经营状况在很大程度上也决定了代理店的经营状况。松下电器的责任便是实现更好的经营,以满足代理店的期待并实现共同繁荣。

我们决不能辜负代理店的期待,必须要把松下电器从代理店那里收到的钱用于生产,同时要把这笔钱当作代理店给我们的借款。从代理店收到的钱原本就属于需求者,同时松下电器所用的资金全都是来自社会的。可以说,松下电器整个企业都是社会的。正确经营一家企业,即社会的公器,使其朝着正确的方向发展,并为社会发展,以及人类生活水平的提高做出贡献。对于一个企业来说,这是应尽的义务,是一个企业应有的状态。

一个企业获得的利益主要是为社会的发展服务。只有通过生产更好的产品,为社会做出贡献,松下电器才能获得适当的利益并进一步发展。利益的获取并不是通过追求利益本身,而是依靠对社会做出的贡献。我们一定要清楚,一个企业没有利益,归根结底就是没有对社会做出贡献。

松下幸之助基于这种想法,在 1929 年 3 月制定了纲领和信条。纲领明确规定了松下电器存在的意义,即不仅仅是个体经营,同时也要为改善和提高社会生活水平做出巨大贡献。信条阐述了为了社会和松下电器的发展,员工们需要注重集体意识并团结协作。可以说,这种想法也展现了松下幸之助作为企业家的独特的想法。

松下幸之助之所以有独特的想法,并不仅仅是因为他本身特别,我们可以理解成,他自幼父母双亡,少年时代就去做店员,因健康问题平时吃了很多苦,因此比别人想得更多。

松下幸之助提出了如下的纲领和信条。

第 4 章
"自来水哲学"的创立

纲领：贯彻产业人之本分，努力改善和提高社会生活水平，以期为世界文化的发展做出贡献。

信条：进步与发展若非得益于各位职工的和睦协作，殊难实现。诸位应以至诚为旨，团结一致，致力于公司的工作。

提出纲领和信条的目的主要是为社会发展做出贡献，它给松下电器当时的员工很大的鼓舞。1929年10月，由于华尔街的股价大跌引起了全球范围内的恐慌，同时很多电器厂商都因此濒临破产，但是松下电器没有解雇任何一个员工，每个人都团结一致，不分昼夜地为销售竭尽全力，最后才顺利渡过危机。之所以能够取得如此成就，是因为纲领和信条已渗透每个员工的心里。

松下幸之助三年后提出的自来水哲学便继承了纲领中改善社会生活的精神。也就是说，自来水哲学并不是松下幸之助在1932年的突发奇想，其实早在多年前就已经萌芽。从某种意义上来说，1927年发售的为了能让普通人买得起的"超级电熨斗"，将价格降至之前的1/3以下，在此方针的基础上进行研发，实际上也是为了改善社会生活。仔细想想,自来水哲学可以理解为松下幸之助在几年间的思考并实践的基础上,进一步思考,以更通俗易懂的语言重新表达出来。

自来水哲学的产生

松下幸之助在 1929 年提出了当时划时代的纲领和信条,并引导企业进一步发展,但他还是觉得有点儿美中不足。对此,他在 1957 年 5 月 5 日的创业纪念仪式上说:

1932 年,恰逢松下电器创业 14 周年,在过去的 14 年里,大家一直很努力,还好有大家的合作才能取得一次又一次的进步。但是,我开始思考,这样下去真的可以吗。虽然松下电器发展到今天也还算不错,但我们必须要发自内心地去思考一下这份工作的未来将变成什么样。我很感谢大家一直以来不断地进步,我也觉得大家做得很好,但是我始终觉得我们不应该止步于此。

为此,我觉得我们在努力的过程中,应该有一个核心,或者说一个使命支撑着我们。虽然大家努力到现在已经很好了,但我觉得还远远不够。我感觉在我们的心中并没有一个强大的力量,来让我们站稳脚跟或是振作起来。

来自 PHP 研究所珍藏的录音

此时,松下幸之助究竟是通过什么、又是以什么样的理由来判定大家"没有一个强大的力量"呢?迄今为止,所有的员工团结一致,公司也稳定发展,甚至度过了经济恐慌时期。但是,松下幸之助觉得员工的身上其实还有潜能没有被激发出来。因此,在松下幸之助看来,需要找到一个"未来的重大使命",以此来激发员工身上的所有力量。

松下幸之助一开始就在规模不大的工厂进行产品的研发等工作,一旦开始工作,就会沉浸在眼前的工作当中,甚至废寝忘食,或是忘了时间的流逝。他希望所有的员工也能这样,以更好的状态投入工作当中,并不遗余力地工作。只有这样,松下电器在未来才会发展成一个为社会做出巨大贡献的公司。

正当松下幸之助左思右想时,恰好在1932年3月,他偶然受熟人的邀请去奈良的教堂参观。也就是这次参观,让松下幸之助开阔了视野。松下幸之助先是对教堂的宏伟震惊不已,其次他感叹大多数从事建筑工作的人都是信徒。此外,当松下幸之助得知总部中还有专门用于设施建设的大型锯木厂,各个设施使用的木材都是日本各地的信徒捐来的木材后,他不禁深受感动。松下幸之助看到这些信徒愉快地工作后感动不已,之后他便说他发现了"一个实业家的真正使命",以及"优秀的经营榜样"。

我希望各位读者可以留意一下松下幸之助发现的是"优秀的经营榜样"。松下幸之助在教堂看到信徒们愉快地做着义务劳动后深受感动,其中包含了他们伟大的信仰还有崇高使命,但比起这些,更多的是"在这种近乎完美的环境中,每个人都充满着使命感和正能量,他们都在以一种忘我的投入状态全力工

第 4 章　"自来水哲学"的创立

作"。松下幸之助将其称为"优秀的经营榜样",他希望在松下电器也可以营造出这种工作氛围。在参观结束后,松下幸之助回到家想了很多,当天他一直在想着这件事。直到深夜,他终于得出了一个结论。这里我引用松下幸之助的《我的行事准则和思维方式》进行说明。

  我们现在的工作可以说是神圣的工作,我们为了保证并提高人们的生活水平而生产必要的物资,对于人们来说是不可或缺的。……即便人的精神得到满足,但如果物质匮乏,还是很难活下去。同理,物质丰富,但是精神贫瘠,如此一来既不会有人生的价值也不会获得幸福。由此可见,物质与精神二者缺一不可。

  …………
  那么,一个神圣、真正的经营是什么呢?
  我觉得这就好比自来水。……当你拧开阀门时,即便你尽情地使用的是公共场所的水,但你很少会听见有人会因此责怪你。究其原因,水本身是有价值的,但是水的量是很丰富的。……也就是说,一个生产者的使命是要将珍贵的生活物资变得像自来水一样，取之不尽、用之不竭。……只有这样，才能消除贫困。

松下幸之助基于这样的认识，在1932年的5月5日召集所有的员工，决定向大家阐述松下电器真正的使命。之后就像本章开头说的那样，他将这一天定为创业纪念日，意为开始"真正的创业"，并把这一年定为"知道真正使命"的"命知元年"。在此，我们可以借《松下电器50年简史》中的描述来理解这个信念的宗旨。

目前松下电器的经营算是取得了一些成绩，但这不过是作为一个商人应该做的，不过是作为一个制造商应该遵从的优良传统。今后松下电器的经营必须拥有一个企业该有的使命。也就是说，企业的使命就是克服贫困。因此，经营和生产的目的并不只是让商店还有工厂富裕，更是实现社会的富裕。一个实业家真正的使命就是，不管社会形态发生什么变化，都要片刻不停地一直生产。因此，我们要让所有的物资像水一样取之不尽、用之不竭。我们要让产品的价格像水

第 4 章
"自来水哲学"的创立

一样便宜。

松下幸之助在此也是第一次让员工们知道了"自来水哲学"。20世纪二三十年代，人们的生活还不是很富裕，他就主张为社会"建造一片乐土"。在那之后，松下幸之助提出了"250年计划"来实现乐土的建造。这将在下一章详细说明。

松下电器1932年的员工数量已是1929年时的好几倍。此外，店员数量已增长至200多名，工人数量也达到100多人，松下电器分为接线工具、电炉、电灯和干电池，以及收音机四个部门，系列产品高达2000多种。经营规模也不断发展壮大，其中工厂和子公司共有10所，分店和分公司在日本有5所，一年的销售额高达300万日元。

1918年，松下电器在规模不大的车间里开始生产改良版插头、双灯用插座，在那之后仅仅用了14年时间就实现了跨越式发展。但和财阀级别的大公司相比，松下电器不过是个小公司。之后，松下幸之助提出一个远大的目标，即"用250年的时间消除社会上的贫困"，这在当时无疑是一个划时代的目标。也可以说，这个目标在某种意义上很奇特，但同时它也是先进的、创新的。在当时，能够有这种想法的恐怕除了松下幸之助再无他人。

在松下幸之助表明信念之后，关于松下电器的各种故事不断被人传诵。一些人在听完松下幸之助的讲话后深受感动并十分感激，他们纷纷走上讲台，一个接一个地讲述自己在认识到真正的使命后的感想。松下幸之助在《我的行事准则和思维方式》一书中曾这样描述当时的场景：

座位上的员工还有刚进来的人都站了起来。甚至连上了年纪的人也受到年轻人的感染，他们跑到台上，沉默了片刻后不停鼓掌。不管是员工，还是实习店员都被我的话鼓舞，他们发誓要鞠躬尽瘁……其实诸如此类难以言喻、让我心生感激的场面之后还有很多次。当时，大家表现得很狂热，争先恐后地登上讲台发表感想。因为不知道什么时候结束，于是我做了主持，将每个人的讲话时间由三分钟缩短成两分钟。如果不减少一分钟，再过一会儿，恐

第 4 章　"自来水哲学"的创立

怕很难收场。

没想到我能够引起大家如此大的反响。如果所有人都有这股劲头还有热情,估计不用等 250 年就能实现目标。

为什么员工们会对此这么感动?为什么他们决定要为公司鞠躬尽瘁?这与本书整个论述的基础——心流体验论——有着很大的关系。

1932 年,松下电器的业绩稳步上升,公司规模也逐渐扩大。由此不难看出,员工们的技能水平在稳步提高。但是,对于处于上升阶段的公司还有员工来说,"作为一个制造商应该遵从的优良传统"虽然可以激励员工,但还不足以作为人生的目标,会让员工觉得自己掌握的技能无用武之地。

在这样一个绝佳的时机,松下幸之助在自来水哲学的基础上,提出了"松下电器的真正使命"。为此,现场的员工都被这个伟大的新目标感动并投入其中,最后他们都得以进入心流状态。

严格来说,每个人在工作中,可能并没有处于自己的心流状态。但是,从每个人的精神状态来看,他们体验到前所未有的喜悦,已经具备了一定实践松下幸之助的理念的能力,从而找到自己人生的最高目标,并为之努力提升自己的能力。这意味着,他们没有任何杂念,将所有的注意力集中到一点,这完全可以称为"心流状态"。人们忘记自我,因伟大的目标而振奋,最后纷纷行动起来。

毫无疑问,自来水哲学是真正的经营理念,它深深打动了每个人,并刻在每个人的内心深处还有潜意识中。

从行为经济学看经营理念

接下来,我将通过行为经济学来对自来水哲学这一经营理念进行讨论。

考虑到自来水哲学对松下电器经营的影响,我将重点放在了行为经济学上。行为经济学可以说在21世纪的经济学领域形成了一个新的潮流。由于我在行

第4章 "自来水哲学"的创立

为经济学领域并不专业,因此我将参考明治大学教授有野典男写的《行为经济学》,同时加上我自己的见解来加以说明。

首先,我必须说一下行为经济学的构成。《行为经济学》这本书的副标题是"经济要建立在感情的基础上",这句话体现出行为经济学的构成与传统的经济学——"新古典派经济学"相差甚远。

新古典派经济学中,人们在产生某个行为时是理性的,同时也是利己的,以此为基础来说明个人和企业的微观经济行为及宏观经济行为。即便人们在讨论时对"人是感性的"这一侧面避而不谈,但很显然这并不能正确说明人类的本质和行为,以及人类与社会的关系等问题。

也就是说,行为经济学的基本立场是,只有将"人类的心理"考虑在内,才能够正确地分析经济行为。但是在《行为经济学》中也提到"感情并不是经济的唯一基础"。要想搞清楚这一要点,必须先理解行为经济学。为了理解本书后面的内容,这里引用《行为经济学》的一部分内容。

刚刚提到的心理，其实不是说有了善解人意就有了经济，这也不是对道德的一种提倡。心理包括了知觉、认知、记忆、判断、决定、感情、意志还有动机等，与其说它是内心层面的，倒不如说它是精神层面的。

心理可以进行合理的推测和分析，也会产生感情和直觉。心理决定了人类的行为，而人类的行为又主导着经济，因此研究经济需要研究心理。

其次，我想结合"商业场合的决策"对以上理论进行论述。人们以某种形式从事某个工作时，会在各种场合以各种水平不断进行决策。但在这种情况下，每个人做出的判断都不会绝对冷静或者合理，他们的判断一定会受到内心活动的影响。此时，行为经济学的理论就恰好可以解释人类的这种行为。

探索法

要想理解行为经济学，就需要先了解一个重要的关键词，即"探索法"。探索法是一种方便的探索方

第4章 "自来水哲学"的创立

法，一般适用于需要解决问题或者是对不确定的事情做出判断，而没有一个明确的解决思路的情况。我们可以理解成"简便的方法""粗略的估计""捷径"等。从行为经济学上来说，人们进行某种经济活动时主要是靠探索法来进行判断的，其实在商业场合的决策也是同样的道理。

探索法分为很多种。第一种是"可利用的探索法"，即当判断一件事时，主要依据的是从记忆库中马上就可以提取的内容。拿常见的例子来说，"欲速则不达""功到自然成"等都是可以马上想起来的，它们能够用于一定的判断，可以归为"可利用的探索法"的范畴。但是，进行判断时，立刻能想到哪些内容也有可能因人而异。

第二种是"代表性的探索法"，即"从属于某个集合的现象能如实地表现这个集合的特点"，有代表性的现象出现概率最高，我们以此为行为的标准。比如，当问到摇十次骰子会有多大概率出现偶数时，大多数人都会回答"有50%的概率"。究其原因，50%这个数字在这种场合比较有"代表性"。实际上，如果细分一下是问出现 3 次偶数的概率和出现 6 次以上偶数的概率分别多大,答案便会产生一定的差异,这一点不言而喻。

第三种是"感情的探索法",即一个人在判断时的"感情"就和"可利用的探索法"还有"代表性的探索法"一样,其作用都是探索发现。例如,大多数情况下,人们在做某项选择时,他们选择的标准主要是喜欢与否、开心与否等与个人感情有关的内容,而非客观条件。这种情况下就容易出现一些偏差,比如这个人喜欢的东西,其他人不一定喜欢。

第四种是"锚定与调整的探索法"。这种方法就是"在预测某个不确定的现象时,一开始设定一个值(锚值),之后通过调整直到确定最终的预测值",关键是要预想一个大概的答案,然后在确认大概的方向后做出某个行动。

船舶下锚后,可以移动的范围只有以锚链为半径能够到达的地方。如果是下锚的地方,在这里如果预测值能够接近最后的准确值,那么就能在可以调整的范围内无限接近准确值。但是,一开始的预测值与准确值相去甚远,那么就有可能发生偏差,即所及范围内没有答案就不能接近正确答案。一般把它称为"锚定效应"。

在行为经济学中,一般强调的是锚定效应的负面作用,即"在锚定效应中,人们的判断会与预测值相去甚远"。但如果预测值足够客观准确,那么将会产生正面效果,即"人们的预测值接近准确值"。

接下来,我将把探索法用于分析商业。例如,当工作中进行某个决策时,如果有想法、方针或政策能成为导出结论的一个标准,那么探索法的作用就会得以发挥,最后也会得出一个和标准没有太大偏差的结论。也就是说,一个好的标准就有一个好的答案,一个不好的标准未必会有一个好的答案。因此,牢记一个好的"可利用的探索法",用在工作中,才能进行好的决策。

我们将一个能迅速推导出优质答案的探索法称为

"迅速、简单的探索法"。这种探索法的合理性很高,这种合理性是"适应的合理性"。此外,适应环境的探索法才能很好地发挥作用。

双重过程理论

行为经济学的一个要点就是:"根据人的心理还有精神等做出判断,从而带动经济的发展。"那么要想了解人经过什么过程做出的判断,就要先确认人类的信息处理系统。关于这一点,《行为经济学》中介绍了一种名为"双重过程理论"的思考方法。

简单来说,人有两个信息处理系统。一个叫作"系统Ⅰ",它的特点是使用直觉、联想、感性,非常迅速,并且不必耗费太多能量。另一个叫作"系统Ⅱ",它的特点是分析、管理、使用规则等,但需要一定的能量。通俗点说,可以将"系统Ⅰ"称为"直觉回路",将"系统Ⅱ"称为"分析回路"。这里只对《行为经济学》中有关双重过程理论的重点内容进行说明。

系统Ⅰ的使用对象很广，它不仅仅适用于人类，还适用于动物。一般认为系统Ⅱ比系统Ⅰ的进化稍晚些，是人类固有的系统。可以说以标准经济学为前提的经济人只具备系统Ⅱ，而且是高性能的系统Ⅱ。

虽然没有明确区分系统Ⅰ和系统Ⅱ，但两者是同时存在的。此外，并不是说系统Ⅰ比系统Ⅱ的性能差。就拿专业的象棋选手和围棋选手来说，他们也是先靠直觉选出可能的下一步棋，然后经过深思熟虑后落子。也就是说，只有将系统Ⅰ和系统Ⅱ结合在一起才可以处理好问题……

虽说运动员或匠人的技术必须经常锻炼才能提高，但是有时也需要练习从系统Ⅱ到系统Ⅰ的切换……

此外，系统Ⅱ的一个重要作用就是监视系统Ⅰ，有时会通过监视系统Ⅰ的快速决定，来对其进行修正。这种例子其实在日常生活中屡见不鲜，比如凭着直觉选择了某个事物，但是仔细想想还是换了一个选择。

对于系统Ⅰ中的直觉，这里再用脑科学知识进行说明。在大脑中,我们都知道"纹状体"是负责产生直觉的。即便我们没有很深的意识,但是它还是会不由自主地发挥作用,因此我们很容易受到这种浅层信息的影响。但是,处于下意识状态中的大脑会在环境中发现意识无法感知的内容,最后产生直觉。例如,人们常说的"虽然不太清楚,但还是有了答案""莫名有种不好的预感"等。从最近的实验数据可知,直觉就是大脑在下意识中通过缜密的计算得出的结论。

松下电器的探索法

在此,我想将自来水哲学还有行为经济学结合在一起讨论。1932年5月5日之后,松下电器的每个员工都将自己的真正使命作为共同的价值观铭记于心。此外,还有早于自来水哲学的明文规定的纲领和信条,以及在自来水哲学之后提出的"松下电器应遵循的精神"。这些理念其实就像运动员每天训练形成肌肉记忆一样,早已深深印在每个员工的内心,每当遇到事情时都能够立刻想起公司的理念。

也就是说，这表示自来水哲学早已作为"可利用的探索法"渗透到每个员工的心中。不仅如此，在松下电器的思想和价值观上也带有"代表性的探索法"的性质。此外，员工们尊敬松下幸之助，并热爱在松下电器的工作，在这层意义上，也可以将其理解成"感情的探索法"。

如此一来，自来水哲学最终成了"迅速、简单的探索法"并渗透到每个人的心中，不管在做任何工作的决策时，它都将成为一个重要的判定标准。这也可以称为"正面的锚定效应"。

例如，松下电器的每个员工可能会身处各种场合，如电视设计、冰箱生产、营业活动、广告宣传活动、新工厂建设、业务合作、资本合作等。此时的他们可能会面临各种选择，比如应不应该用A方法、应不应该优先考虑B条件、要不要舍弃C要素，等等。当他们迷茫的时候，"系统Ⅰ"即"直觉回路"可能会发生作用，并得到"基于自来水哲学的判断"。同时，当决定这件事后，会通过"系统Ⅱ"即"分析回路"监控，并进行合理的分析，加以必要的修正。最后，工作才会朝着正确的方向推进。

假如有十万个员工，这些人都毫无秩序地朝着各个方向前进，那么这个公司的业务状况将会支离破碎，最后也会失去其他公司的信任。但是，如果在一个状态中，存在一个符合社会正义的正确经营理念，那么它将转变成"迅速、简单的探索法"并发挥出绝佳的锚定效应，如此一来，整个公司基本上就不会偏离正轨。这也可以称作"理念经营"的理想状态。

只有当员工们有一个共同的价值观，并朝着同一理想一致协作时，这个公司才会实现飞跃式的发展。

经营理念应如何存在

到目前为止，我分析了自来水哲学这一理念的构成、性质还有它带来的效果。本小节作为总结，探讨"经营理念应如何存在"。当讨论经营理念的存在方式时，我将参考中川敬一写的《比较经营史绪论》中的看法。

第 4 章
"自来水哲学"的创立

中川敬一认为,基本的经营理念分为两种。

第一种是经营者自身对于企业经营的见解。

第二种是有"逻辑性"的同时,也有一定的"社会正确性",而非经营者的主观态度。

中川敬一提出"创新的经营者行为在奇特想法的基础上可以衍生出新的企业经营模式,并以此为基础带来高速的经济发展",这种状态才是最理想的。

自来水哲学在"让社会生活变得丰富多彩"这一目的上符合人们的期望。同时,以一个企业的力量达到这一目的的这种想法,在很多人看来就比较奇特并且富有创新。正因如此,这种想法才能紧紧抓住人心,成为企业创造经营新模式的动力,进而强有力地引导公司走上"高速的经济发展"的道路。

此外,书中还写道:"经营理念就是经营者自身提出的企业经营目的还有指导原理。"本章所讲述的"松下电器的探索法"的产生正是由于自来水哲学已经渗透到每个人的心里。

这里还是要多次强调，当了解自来水哲学这一崇高理想，并拥有高水平的技能来挑战高难度的工作时，人们便会进入心流状态，在这种状态中人们不会感到不安和厌倦，而是会在工作中找到极大的快乐。人们一旦进入心流状态，在行动时就会想着再现更高层次的心流现象，不管是个人还是组织的技能都能得到提升。当然，随着企业的发展，可能会产生一些大企业才有的问题，但是只要企业保证对社会责任的基本态度不发生变化，就一定会得到社会的认可并生存下去。

在很多层面上，松下幸之助确立并提出自来水哲学有很大的意义。它将所有员工都引入心流状态，并让大家团结一致，将这个集体变成一个追求共同价值观的集体。当然，每天早会上朗读这一理念，也会促成"制造产品前先培养人才"这一目标。

CHAPTER 5
第5章

"250年计划"的想法

松下电器真正的使命是，不断生产取之不尽、用之不竭的物资并建造一片乐土。只有精神上的稳定，加上取之不尽、用之不竭的物资供给，才能获得稳定的幸福。

为了完成这一使命，我把250年定为完成使命的一个周期，将其分为10个阶段，再把每一个阶段的25年分为三期。第一期的10年为建设期，第二期的10年为活动期，最后一期的5年为向社会贡献期。

——松下幸之助

领悟自己使命的 50 年

1981 年 5 月 11 日的《松下电器内部新闻》第一版刊登了 5 月 5 日在大阪府枚方市体育馆举行的创业命知第 50 年的创业纪念仪式的新闻，同时也附上了松下幸之助的发言。在此引用一部分报道内容。

松下幸之助对松下电器半个世纪的创业使命进行了概括："1932 年，松下电器设立了首届创业纪念日。第二年，松下电器的总店和工厂搬到了大开町。自那之后的 50 年里，每个人都在努力着，大家团结协作，以饱满的热情实现公司的使命。我们取得了很多成绩，比如顺利地渡过了第二次世界大战的危机，不断发展。如今，我们在日本的各个领域都开辟了道路，成功开启了日本的家电化生活，为社会还有行业的发展和提高做出了很大的贡献。"

此外，松下幸之助论述了今年是命知第 50 年的意义："今年我们即将结束 250 年计划的第二个阶段。同时，也将迎来 250 年计划的第三个阶段，为迎接这一阶段，今年可谓是一个重要的分水岭。"为此，他还强调,"要将今年变成一个反省和创意之年,也就是说要反省过去49年里的失败和失误,并在此基础上发现不一样的新事物,以便让今后的发展更有意义。"

自1932年5月5日的命知元年的第一天已过了50年,但即便如此,松下幸之助还是不断向大家强调"250年计划"的重要性。我在第4章简单提了一下,所谓"250年计划"就是在自来水哲学的基础上的"实现目标的一段时间"。

让我们确认一下"250年计划"的概况。这里我会再次引用《松下电器50年简史》中从参观教堂到首次创业纪念仪式的内容,在内容上会和第4章有重合的部分。由于自来水哲学和"250年计划"是作为一个整体提出的,二者缺一不可,因此把它们割裂开来会变得晦涩难懂,这一点敬请大家理解。

1932年4月,松下电器首次成立贸易部门,销路已拓展至国外。

....

此时的松下幸之助,在熟人的推荐下去参观了一个宗教团体的总部,他当时看到了信徒们在工作时充满热情又一丝不苟,在进行教堂建造还有木材加工等工作时也表现得很开心。他们不仅自己工作时快乐,也把这种快乐传递给了别人。松下幸之助被信徒们这种热情感动,同时认为他们的工作状态是很好的榜样。

当天,松下幸之助被深深感动,并反复思考了当今企业经营的一个现状。

"宗教是神圣的,它会为大多数迷茫的人指引前方的道路,让他们放心,并给他们带来幸福。我们现在的工作也可以说是一份神圣的工作,我们为了保证并提高人们的生活水平而生产必要的物资。我们的工作从无到有,消除贫困、制造财富。很久以前有这样一句话:'四百四十病,贫穷最为苦'。我们的工作就是为了消除贫困,通过刻苦耐劳、不断生产,为人们提供丰富的物资。'丰富每个人的生活'的生产工作才是我们的宝贵使命。"

…………

1932年5月5日,松下幸之助将大家召集在大阪的中央电器俱乐部,宣布了松下电器的真正使命。

"松下电器从创业到今天,我们非常努力。今天,我们虽然还是个体经营,但是做得足够大足够强。仔细想想，这不过是作为一个商人应有的姿态。对于一家工厂而言，这不过是按照以往优良传统的经营而已。

....

"松下电器真正的使命是，不断生产取之不尽、用之不竭的物资并建造一片乐土。只有精神上的稳定，加上取之不尽、用之不竭的物资供给，才能获得稳定的幸福。

"为了完成这一使命，我把250年定为完成使命的一个周期，将其分为10个阶段，再把每一个阶段的25年分为三期。第一期的10年为建设期，第二期的10年为活动期，最后一期的5年为向社会贡献期。以上第一阶段的25年是我们工作的活跃期间。在第二阶段，我们的下一代将使用同样的方法还有方针，在此阶段循环反复，以便在250年里的10个阶段打造一片物资丰富、社会富足的乐土。"在250年中，完成使命的第一阶段暂且告一段落。在第二个阶段，也就是下个250年里，这个方针还是不变的，甚至要朝着更高的理想前进。说不定那个时候的人们会使用我们的计划，甚至制订出更详细的方案。"

那么，这个"250年计划"究竟是什么意思呢？

松下幸之助提到"250年计划"不仅在1981年的创业纪念仪式上,而且基本上一有机会他都会提到。但他并不只是口头上说说,而是严格按照计划中第几个阶段的第几期这样一个节点,提出某个企业规划,并进行企业体制的改革。

我之后会就一个个具体的事例进行论证。但不管怎么说,松下幸之助在1932年之后,不管是在松下电器的经营上,还是对员工的指导上,他都会深刻认识到"250年计划"的作用。下面,我将对"250年计划"这一伟大故事进行分析。在分析中我们将会体验到松下幸之助独有而深远的想法。

引进心流

首先,在松下幸之助提出自来水哲学,以及"250年计划"之后,松下电器发生了怎么样的变化呢?以下内容向我们生动地展示了当时活力满满的松下电器。

(1932年5月5日,在刚提出"250年计划"后

第 5 章　115
"250 年计划"的想法

松下电器的状态）在通过"250 年计划"认识到公司的使命之后，松下电器变得更加强大。自那以后，每个员工都感受到完成使命的喜悦，大家在努力工作的同时，也感受到团结协作的意义。最后，松下电器实现了显著的发展。

以上内容为 1957 年 5 月 5 日创业纪念仪式的
录音，源自 PHP 研究所

（1932 年 5 月 5 日讲完公司的使命后员工的状态）自第二天开始，大家变得都不一样了，也不用多说什么。他们这股劲头着实让人眼前一亮。不管做什么都很有劲头，不管什么都能卖出去……正因如此，松下电器取得了飞速的发展。之后很让人吃惊，变成需要我挨个告诉他们"别干得太猛"。如果不挨个告诉他们"别干得太猛"，估计拦不住他们工作的劲头。真没想到会到这种程度。

《松下幸之助发言集》

在第 4 章中，我们提到松下电器的员工们被松下幸之助提出的自来水哲学还有"250 年计划"深深打动，在那之后，每个员工都进入心流状态，但这并

不是只在当时起作用。第二天后,每个员工工作时的神情明显发生了变化。除了第二次世界大战等外在因素导致不能开展业务外,这股劲头一直持续了十年左右。

此时员工们就像松下幸之助之前看到的信徒们,他们充满使命感、满怀喜悦地投入工作当中。松下电器的各个员工拥有很强的使命感,即便松下幸之助什么都不说,他们也能够自觉地投入工作当中。

这也表现出了松下电器的员工们在心流状态中投入并沉迷于工作中。他们之所以能够全力沉迷于工作中,是因为认同"一个实业家真正的使命",也就是认同用自来水哲学来消除社会贫困,以及"250年计划"。正是因为松下幸之助提出了这一使命,大家才能将注意力集中在这上面,才能够投入工作中,并进入心流状态。

"250年计划"的依据

那么,为什么是"250"这个数字呢?也许是因为松下幸之助想在头一个25年里持续工作。松下电器迎来"命知元年"时,松下幸之助正值37岁,如果加上25岁就是62岁。想必他也是考虑到当时的平均寿命还有自己的年龄,才想出"250"这个数字的。1975年8月,PHP研究所发布了《魅力男性》,其中有一段松下幸之助在上坂冬子的采访中的回答。

上坂:那么,您口中的"250年计划"进展得如何?我对国家百年之计有所耳闻,但是这个"250年计划"是怎么制订出来的呢?

松下:准确来说,提出这个计划是在1932年5月5日,也就是松下电器的创立纪念日。所谓250年,实际上就是重复10个25年。之所以按25年划分,是因为人们基本认为25年为一代。也就是说,每一代都有一个理想。

关于"250年计划"的依据,松下幸之助在1983年这样说:

其实对于"250年计划"的依据这种问题,并没有什么特别的依据。这就是我的个人感受。其实世上的一切事物在某种程度上都能靠直觉感觉到。当然了,只要经常留意的话。

《松下幸之助发言集》

此外,在 1966 年,松下幸之助还讲过这样一番话:

1932 年,松下电器以 25 年为一个阶段来推进工作,并为了完成使命不断前进。主要是因为我希望在 250 年后,能够解决物资不足这个问题。当时我就说了"完成以上这个使命要花 250 年的时间"。

…………

说到 250 年之后的事,大家可能会嘲笑我。我也知道大家觉得我在痴人说梦,但我想说的是,我希望实现这个计划。这才是如今的松下电器应有的一个姿态。

正因如此,我们才要在漫长的 250 年里,为社会生产丰富的物资,消除贫困。为此我希望松下电器可以一直生产物资,希望大家都能理解这一点。

《松下电器发言集 33》

从松下幸之助的这些话中我们不难理解,"250"指的是重复 10 次 25 年,并且这个数字是松下幸之助根据自己的直觉想到的。"250年计划"并不同于现实中的短期和中期计划,是松下幸之助为推进企业发展的"一个充满伟大理想、丰富想象力的故事"。

此外,250年这个将25年重复10次的设定,在人们看来有点儿不按套路出牌,但正是这样才能让员工铭记。由此,才能将其传承给下一代,并让他们接力,进而让松下电器走向更远的未来。这就好比一个有才的作家独创了一个绝妙的故事一样,松下幸之助也同样如此,这个史无前例的企业目标是他作为"一个故事的创作"。

"250年计划"的作用

松下幸之助在每年的"命知日"(5月5日)都会举办仪式,在那里他会反复强调"250年计划"。当松下幸之助想到某个重要的工作时,他会想"这个计划要从第几阶段第几期的第一年开始实行"。将实现计划的时间段视作是不可更改的,并很好地利用第几阶段第几期的划分,这样才能让员工们彻底理解"250 年计划"。在我看来,这恰好体现了"250 年计划"的功能。

第一阶段第一期的收尾阶段到第二期的前半阶段这一期间恰好处于太平洋战争时期,松下电器不得不生产军需品。再加上第二次世界大战之后,松下电器受到驻日盟军最高司令官总司令部的资产冻结等各种限制,因此其业务发展早已不在松下幸之助的预期之内。据此,可以推测出,在解除各种限制之前,松下幸之助很难像开始那样"到了第几期就开始新的业务"。不过,这里值得一提的是,第一阶段第三期到第三阶段结束的这段时间。

首先是 1952 年,也就是"第一阶段第三期的第一年",松下电器和荷兰的飞利浦公司签订技术合作合同(详细内容可参照第 8 章)。第二次世界大战之后,由于和飞利浦公司合作,松下电器实现了飞跃性的发展。在第一阶段第三期的第一年签订合同,确实值得关注。

这件事要从 1949 年 12 月说起,当时松下电器解

第 5 章　"250 年计划"的想法

除了财阀家族的指定。于是在 1950 年 3 月，松下电器恢复了事业部制并通过重建才站稳了脚跟。1951 年，松下幸之助将注意力转向国外，在视察欧美各国之后，在第二年（1952 年）开展了和飞利浦公司的合作。

松下幸之助想在第一阶段第三期的第一年实现一项伟大的事业，同时也想重建因战争低迷的松下电器，以便实现更大发展。他有这些想法也不奇怪。比起和飞利浦公司合作，在 1958 年提出的"5 年计划"更能体现出松下幸之助与众不同的想法。1956 年这一年是"250 年计划"第一阶段的第三期的结束，也是第二阶段第一期的开始。由此不难想到，在第二阶段第一期开始的 5 年里，松下幸之助赋予全体员工一个巨大的目标，并希望他们可以全身心地投入工作。在此，我将引用《松下电器 50 年简史》中当时震惊世人的"5 年计划"的相关描述。

1956 年 1 月，松下幸之助在经营方针发表会上提出了松下电器的"5 年计划"，这也表示第二次世界大战之后的 10 年里的艰难时期和充满希望的建设期在此画上句号，松下电器正式进入活动期。

"5年计划"这一构想的内容主要是,5年间将1955年的220亿日元的销量增长30%,即在1960年增长到800亿日元,将员工数量增加10%,将资金从30亿日元增加至100亿日元。在当时,一个民营企业能够提出这样一个长期计划,实属罕见。但是在松下幸之助看来,这个计划中的数字其实是整个社会对松下电器寄予期待的一种体现。松下幸之助认为,只要是社会的期待,就必须实现,这需要所有人都能意识到松下电器肩负的社会责任,也需要每个员工都能努力实现计划。

"因此,松下电器要将资金从现在的30亿日元增加至5年后的100亿日元。不管怎么说,必须要赚到钱,提高收益。如果赚不到钱,对于我们来说就是一种犯罪。我们手里拿的是社会的资本,我们拥有人才和原材料,若是拿不出任何成绩,是对不起整个社会的。

....

"不管遭遇多么严重的不景气,我们也一定要实现以上计划。因为这些数字体现的是人们对我们的期待,我们做这些并非为了名誉或者一己私欲。换句话说，我们是在为社会履行一定的义务。因此，只要我们没有一丝懈怠，就一定能够实现这个计划。

....

"换句话说，我们和世人签订的是一个'无形的合同'。其实我们并不是真的签了一个合同，也不是只有口头上的一个约定。我们只有清楚地认识到自己的工作使命，才能够知道我们和世人签订的是一个看不见的、无形的合同。因此，我们作为企业家最大的使命就是要去'看见'那个无形的合同，每天都要做好万全的准备，以便履行社会赋予我们的义务。"

之后，通过各方的热烈支持，以及员工一致的努力，松下电器终于在4年里实现了"5年计划"并实现了飞跃的发展。我们可以发现，松下幸之助就"看不见的合同"的讲话中充满了为社会实现义务的决心和信念，同时也看见了"命知"思想在企业的社会使命这层意义上的延伸。所谓"命知"的延伸是"250年计划"的重要一环。因此，松下幸之助想到"250年计划"的第二阶段的开始并提出"5年计划"，可以说他的想法恰如其分。

"5年计划"远远超过当时的预期,仅仅4年就实现了,这对于松下幸之助来说也许是一个"惊喜"。想必看见员工们在4年里为实现"5年计划"而努力工作的样子后,松下幸之助回想起在1932年提出"250年计划"时员工们拼命工作的样子。松下电器的大多数员工通过这次"5年计划"进入了心流状态。

在20世纪50年代前半期,黑白电视、洗衣机还有冰箱被称为"三大神器",当时的家电化的发展极其迅速,松下电器为日本家电的变革做出了巨大的贡献。

此外,在1932年,松下幸之助考虑到要将"250年计划"的第二阶段的后半部分交给下一代来完成,以及自己在卸任社长后的事,于是他便提出"5年计划"这一课题,其目的便是培养下一代的经营队伍。从这层意义上来说,"5年计划"是非常高效的好方法。

当4年内实现了"5年计划"之后,1960年松下幸之助又提出了"5年后一周5天工作制",这可以看作"5年计划"的第二阶段。之后,在1961年,松下幸之助卸任社长成为会长,实行了新的体制,让松下正治担任社长。在这个阶段,松下幸之助的这一举动可以理解为,他希望在提出一周5天工作制这一课题的同时,即便自己不在社长这个位置上,还是能够打造一个可以一直为社会做出贡献的企业。

对于为什么要做会长,松下幸之助这样说:

> 随着企业规模的扩大,即便社长像超人一样厉害,仅凭一个人的力量,也是很难让公司顺利运营下去的。尤其是像我们这种最初由我一个人将企业做起来的情况,大家容易过度依赖我这个创业者,最后可能会导致我独断专行。这一点我本人深有体会。虽然应该由员工自己决定如何工作,但大多数情况下还是要靠我一句话来决定。
>
> 在我看来,只有认识到其中的弊端,才能更好地做事,所以我希望尽快从一线退下来,以此来培养接班人。但我还是要说一下,我之所以如此坚决,主要是因为我的一段经验。
>
> 我从1941年开始就兼任松下电工的会长,在很

长的一段时间里,我只有三次需要参加董事会,但只参加了一次。我每次经过松下电工,都不会走进去。只有我想看看自己的工厂怎么样了,才会去顺路看看松下电工。

正因如此,一旦发生点儿事,松下电工的每个骨干都会感觉到自己的责任。在深感自己应有的责任后,便会更加投入工作当中。这样一来,我在与不在都是差不多的,所以我最近也没怎么找他们谈话。这次经历也告诉我,即便我不当社长了,我的想法也是没错的。我坚信,只有这样,才能培养出优秀的接班人。

《松下电器 50 年简史》

对于"还能更好地做事",松下幸之助是如何看待的呢?其实在此之前我也说过,1932 年,松下幸之助觉得在第一阶段结束后,自己的任务已经完成了。他发现虽然第一阶段结束了,但是自己仍然非常健康,拥有活力。因此,当进入第二阶段时,他觉得还能继续经营公司。但是,要想在未来还能继续"250 年计划",就必须培养接班人。只有这样,才能在自己还健在时,见证公司的成长。因此,他认为需要提前铺好卸任后的路。

换句话说,松下电器作为社会的公器,不管松下幸之助在不在,松下电器都要一直坚强地存活下去,并且不断为社会做出贡献。若是如此,那么在当时,不管员工多么依赖自己,松下幸之助都必须趁自己健在的时候卸任社长一职。为此,他便开始寻找下一任社长。

1965年,也是"250年计划"第二阶段第一期的倒数第二年,松下幸之助在这一年实施了"一周5天工作制"。第一阶段第三期的最后一年松下幸之助提出了"5年计划",没想到仅用4年就实现了这一计划。虽然多少有点儿误差,但是这两个"5年计划"基本都是在第二阶段的第一期的10年里进行的。之后在1967年,也就是第二阶段第二期的第一年("5年计划"的第三阶段的第一年),松下幸之助提出了"5年后松下电器给员工的工资超过欧洲"这一目标。

可以说三次"5年计划"与"250年计划"的节点契合。另外,在松下幸之助亲自完成"5年计划"

时,也就是在 1967 年的下一个五年的第二年 1973 年,松下幸之助辞去会长一职做了顾问。

之后的 1977 年,也就是"250 年计划"第二阶段第三期的第一年。在这一年,松下正治和山下俊彦分别成为会长和社长,虽然新的时代拉开了帷幕,但其中多少也有松下幸之助的参与。毕竟对于松下电器来说,让除了松下幸之助的家人以外的成员就任松下电器的社长,这无疑是一个大胆的决定。虽然松下幸之助当时已有 82 岁高龄,但很难想象若没有松下幸之助的参与,如何做出这样一个大胆的决定。可能如下说法有些夸张,但也可以这么想:这是为了实现"250 年计划",1977 年也是为了迎合"250 年计划"的节点。

也就是说,松下幸之助作为"250 年计划"的提出者,50 年间有效地发挥了这一计划的作用。虽然这并不是明文化的制度,但在制订长期计划时的"时间标准"这个含义上,可以将其解释为制度性的一个节点。

巧妙地将"远景""中景""近景"三者结合的经营

目前,我们研究了"250年计划"还有"5年计划",在本节中我想研究"250年计划""5年计划"和"早会、晚会"的关系。若将宏大的"250年计划"比作"远景",那么"中景"便是以松下电器每年1月10日举行的年度经营方针发表为核心而衍生出的"5年计划",而"近景"便是每天的早会、晚会。

所谓"250年计划"就是用250年的时间不断地为社会生产丰富的物资,并打造一个富裕的社会。这是一个宏大的使命,其规模之大远远超过个人能实现的水平。当员工们拥有这样一个伟大的理想,便会充满使命感,并且发挥出巨大的力量。

员工们在每天的生活中都会不经意的犯错,或是偶尔偷个懒,放松一下。即便拥有崇高的理想和宏大的使命,员工们也难以将其铭记于心并一直集中注意力,更别说"250年计划"了。这个计划是一个"极其远大的目标",一个人活着的时候不可能实现它。

因此，当一个组织变得越来越大的同时，肯定会有人不能一直坚持实现这个远大的目标。

在这种情况下就需要有一个中景的"5年计划"，也就是"更容易实现的一个目标"。这样一来便更能轻松描绘一个具体的蓝图，同时也能够在自己还能工作时掌握它，更能集中于眼前的工作。虽然很难用距离来形容年数，但"5年没有那么远的距离感"更能帮助员工们适当保持注意力。因此，松下幸之助将"5年计划"作为"中景"。

此外，即便有了"5年计划"这个相对容易实现的目标，员工们还是很难每天维持同样的身体状态，以及精神状态。大多数情况下，员工们会因为忙于日常的琐事而将"5年计划"还有"250年计划"抛在脑后，有时甚至对于一天的工作也没办法保持注意力。此时，早会还有晚会便发挥了作用，它们可以提醒员工们不要忘记企业的使命还有目标。

一开始，早会还有晚会是在1932年5月5日的"250年计划"提出后由员工们自行实践的，在1933

年才被制度化。关于举办早会和晚会的契机,《松下电器50年简史》中有如下描述。

1933年，随着事业部制的实行，各个事业部开始在每天上班前和下班后举行早会和晚会。

说起早会和晚会，它们开始于1932年5月的首次创业纪念仪式之后，是第二工厂的员工们为完成使命自发举行并流行起来的全公司的活动。早会、晚会旨在让所有员工在各个岗位认真工作，让他们在不忘使命的同时反省每天的工作。同时在这里也能将管理层的信息传达给每个员工，并让他们发表自己的感受。可以说早会、晚会在保证员工们采取一致行动这一点上发挥了重大作用。

在早会上，每个人唱社歌，并朗读"松下电器五精神"（后来变为七精神），进而所有员工都能牢记企业使命，并全身心投入每天的工作中。因此，我将"250年计划"看作"远景"，将"5年计划"看作"中景"，将早会、晚会看作最近的"近景"。

因此，松下幸之助通过"远景""中景""近景"

来指导公司。通过指导，员工们可以一直充满崇高的使命，维持堪比"心流状态"中的高度注意力，同时也能全身心投入工作当中。

虽然在第二次世界大战之后的经济高度发展时期，随着公司规模不断扩大，很难让员工们进入心流状态，但即便如此松下幸之助还是坚持用"250年计划"引导大家。不可否认，松下幸之助创造了日本具有代表性的家电制造商。

250年的经营者

松下幸之助作为"远景"提出的"250年计划"与契克森米哈赖在2003年写的《心流：最优体验心理学》中提到的"100年的经营者"这一想法有类似的地方。有意思的是，松下幸之助在经营一线时冥思苦想的想法，与国外学者的想法是相同的。这里我将结合书中的部分内容对本章进行论述。

契克森米哈赖在书中的第1章提出了"100年的

经营者"。他之所以提出这一想法,是因为他了解到伊冯·乔伊纳德的一个伟大的经营方针。

最近,我见了户外用品的厂商、巴塔哥尼亚公司的创立者——伊冯·乔伊纳德。他的办公地点在一个涂浅色漆的建筑物里,这个建筑物被隐蔽在僻静胡同中的桉树还有蓝花楹的树丛里。房间被古老的坚实木材还有玻璃装饰着,屋架上垂着很多蕨类植物,既简洁又让人安心。公司的员工穿着短裤和拖鞋轻松地在公司内走动,给人的感觉就好像从自家的厨房走到卧室一样。阳光透过风中摇曳的紫藤花照射进来,望向海边就能看到远方的海峡群岛。时不时从楼下的托儿所中听到小孩的笑声。我对伊冯·乔伊纳德很是赞叹,他能够对有着100年历史的工业建筑物进行一番修葺之后,将其打造成一个如此令人赞叹的环境。

乔伊纳德对此回答道:"是啊。如果只是打算在三年后上市并获得利润,不想和这个公司有任何关系,我就不会建这样一个办公地点了。实际上,现在做得这么多就是想让这家公司在100年后还能存活下去。"

听到乔伊纳德说的"让这家公司在 100 年后还能存活下去"后,想必不止我一个人能通过这句话联想到松下幸之助提出的"250 年计划"。在乔伊纳德创业的几十年前,松下幸之助就已经开始思考并行动了,要让公司在 250 年以后存活下去。契克森米哈赖关于乔伊纳德的这个目标说道:

乔伊纳德的计划展现了人类基本的一面,也就是说一个人在人生中需要某种稳定性。只知道太阳早晨升起,或者知更鸟春天归来是不够的。人们在混乱的状态中需要知道,人的一生中存在某种秩序和持久性,同时也需要知道一个人一定会在时间中留有某个痕迹,换句话说人生绝不会被白白浪费。也就是说,我们每个人都必须坚信我们是有用的、有价值的。此外,最近一些优秀的商业工厂、银行及一些老店开始被看作文明开化,以及社会责任的标志。此外,必须找到让自己还有孩子们对未来抱有希望的、让人生充满意义的目标。目前我们想到了培养五分钟管理者还有培养一分钟管理者的方法。但是,我希望大家能够仔细思考一下,要想成为一个对建设美好未来有帮助的经营者,我们应该做些什么。想必最重要的就是,成为一个能站在企业顶峰的 100 年的管理者。

正如契克森米哈赖所说,我们要想过上幸福的人生,首先就要保持内心的"稳定性"。此外,我们不仅要保持日常生活的稳定,还要保证自己在社会上是"有用的、有价值的"。一个人只要拥有这种使命感,自然而然就会有对于工作的热情。只要有热情并挑战自己,便会体验到心流。

人们一旦体验到一次心流,便会努力朝着更高的心流状态发展。这在第 1 章也讲过,人们要进入心流状态,会有两个复杂的过程,一个是从不安区(面对自己能力以外的问题)得到能力上的提升,另一个是从无聊区(面对自己能力范围内的问题)转到挑战更高难度的问题。此时的人们便能在心流中获得一种没有不安也没有无聊的"稳定的心理状态"。也就是说,人们只要带着使命感工作并体验到心流的乐趣,便能一直保持内心的稳定,并走向不断成长的幸福人生。

也可以称这种想法为"心流的人类学"。此外,如果一个集体或者组织的成员有坚定的使命并能进入心流状态，那么此时的集体或者组织便是有序的。一个获得稳定和秩序的集体或者组织，会因那些想体验心流状态的成员而获得"稳定性"。

那么，松下电器的"稳定性"是什么呢？首先，公司本身要在250年里一直被社会需要，在稳定发展的同时，能够不断保证员工及其家人的幸福。其次，员工之所以能够确信自己的存在价值，是因为他们能够帮助松下电器作为社会的公器朝着正确的方向发展，并不断打造一个富裕的社会，能够切身感受到自己实现了社会正义这样一个有价值的事业。所谓幸福，不过就是这样过着稳定的人生并做着对社会有益的工作。

在1932年也就是"命知元年"的第一年，很多企业由于经济危机破产。松下幸之助目睹了很多人失去了存在价值。于是，他觉得绝对不能再这样下去，他希望自己好不容易招进来的员工能够一直拥有他们的存在价值，并一直为社会做出贡献。于是，松下幸之助想到了"250年计划"这个"远景目标"。

借用之前引用过的内容，其实这也可以说是，在经济危机这个"混乱的状态"中，"250年计划"的目的是让松下电器的员工在保持"稳定性"的同时，也能够确保"持久性"。松下幸之助岂止是"100年的经营者"，更是"250年的经营者"。

另外，将250年分为十个阶段，设立建设期、活动期，以及向社会贡献期，在结构上确保顺应时代的变革及灵活性。此外，还有迎合时间节点的"5年计划"，在面临高难度的挑战时可以顺应时代的发展。如此看来，"250年计划"这一想法非常合理。

此处还是要再说一下，当员工们能像信徒一样沉迷于义务劳动，充满崇高使命，享受工作并倾尽全力时，他们便会挑战自己能力的极限，进而进入心流状态。一旦员工们体验过一次心流，他们便会追求更高程度的心流并自我钻研，最后便会帮助松下电器实现不断发展。随着松下电器的发展，世界的物资变得丰富，人们的生活更加富裕，如此一来，人们便会离实现目标越来越近。实际上松下幸之助所描绘的就是这样一个理想的世界。

CHAPTER 6
第 6 章

松下电器的事业部制

  我想让某个人来负责电热器部门。那么,既然要让别人来负责,不如就把所有责任都交给那个人。因为"我虽然也想生产,但我不会去做,我让你来做"。当让某个人做时,那个人就成了这项工作的最高责任人。就算工作内容不多,我也会全权交给一个人负责。这便是松下电器事业部制的雏形。

——松下幸之助

事业部制的优缺点

说起松下电器的组织结构,想必大家想到的应该都是"事业部制"。实际上,松下电器是日本首个引进事业部制的企业。之所以在一开始强调"实际上",这是因为早在松下电器之前,就有企业使用"事业部"作为组织的名称。但是,毋庸置疑,松下电器才是日本第一个设计并构建事业部制组织的企业,并将事业部制作为一个有明确的理念、思想的组织结构。

事实上,在事业部制的应用中有优点,也有缺点。这是因为当时由于第二次世界大战等外部因素,松下电器不得不进行组织结构上的变革,不能再按照一开始的理念进行下去。因此,我并不想以同样的标准来评价松下电器历史中采用事业部制的所有时期。相反,即使当时不用事业部制这个称呼,在松下电器的经营理念还有经营效果中,其实相当于有了一个"终极的事业部制"。也就是说,如果不能准确判断并理解事业部制,松下电器可能会陷入混乱。

松下电器的事业部制时期主要分为三个阶段，分别是：原有的理念已经普及并投入使用的初期；发生改变并走向高速发展的战后时期；重拾原有理念的时期。虽然多年来松下电器一直用事业部这个名称，但是这期间它的内容和性质也是在不断发生变化的，因此不能一概而论，说"松下电器的事业部制就是这样的"。不管在哪个时代，组织的不断变革最好还是要考虑当时的社会状况还有企业状态。

如果知道了这个前提，我们接下来就先回顾一下松下电器的事业部制从确立再到发展变化的这段历史。

事业部制产生之前

1933 年 5 月，松下幸之助实施了事业部制。在此之前，他其实就有实施事业部制这一想法了，那就是在 1927 年 1 月成立电热器部门。电热器部门在同年的 4 月出售了第一款爆品"超级电熨斗"之后，又先后推出了被炉、电炉等产品。被炉以其优质的性能及低廉的价格，令松下电器在几年间就占据了日本的最大市场份额。

电热器部门主要由松下幸之助当时的朋友——大米经销商武久逸郎负责。虽然电热器部门也是松下电器的一个部门，但是松下幸之助不过多干涉。想必也是因为，在成立电热器部门时，武久逸郎为其提供了资金的帮助，他们俩其实是共同经营者，所以应该享有同等的待遇。

但是，就在武久逸郎同时负责电热器部门的半年后，部门竟出现了1万日元的赤字。究其原因，虽然产品卖得很好，销售额也在稳步上升，但是武久逸郎没法完全把注意力放在电热器部门的工作上，很难兼顾两者。因此，松下幸之助就希望他们俩不要共同经营，而是由松下幸之助经营电热器部门。但是随着松下电器的经营规模不断扩大，如果将所有部门的经营决策全交给松下幸之助一人，恐怕也很难一直维持下去。

说句题外话，其实松下幸之助的经营理念也体现了"虽然交给别人,但是自己也要关注"这一点。意思就是说,虽然信任自己的手下并把工作交给他们,但绝不是交给他们就放任不管,而是适当地提一些建议并让他们做一些汇报,所以最后的责任还是在经营者(上司)这里。也许正是因为成立电热器部门的这段经历,松下幸之助才有了这种想法。

其实,松下幸之助一直想着要建立一种体制,把各个部门分给手下的员工让他们经营,但是松下电器的运营采用的却是大家所熟知的"职能部制度"。

终于,在1933年5月,松下电器开始实行事业部制,将业务按照产品类别进行分类,每个业务部门采取独立核算的方式自主负责经营。事业部制的产生也可以理解成20世纪二三十年代快速发展的延续,或者是为进一步发展不断尝试的结果。可能这么说让人有点儿难以理解,第一事业部就是原来的收音机部门,第二事业部就是电灯和干电池部门,第三事业部则为配线器具、合成树脂、电热器部门,各相关工厂都分别从属于这些部门。虽然当初只有第一事业部实行的是产销一体化,但从1934年开始,所有的事业部都变成产销一体化的组织形式,此外松下电器还把电热器部门独立出来作为第四事业部。

总部统一运营分店还有分支机构,其内部按照产品分类与各个事业部直接产生联系。此外,营销、库存还有物流等全企业的活动与所有事业部关联,总务和研究部门全都归总部管,内部划分详细。这便是事业部制成立时的原型。这里,我将引用《松下电器50年简史》中的内容说明松下幸之助想出事业部制并将其付诸实践的过程。

当企业规模不是很大时,只有我一个人决策还能勉强支撑。但是当企业业务范围扩大时,只有我一个人决策可能就会手忙脚乱。但是,如果要让我对每件事逐一确认,最后就会变成"你等我下,我现在在想另一件事"。这样是绝对不行的。

我想让某个人来负责电热器部门。那么,既然要让别人来负责,不如就把所有责任都交给那个人。因为"我虽然也想生产,但我不会去做,我让你来做"。当让某个人做时,那个人就成了这项工作的最高责任人。就算工作内容不多,我也会全权交给一个人负

第6章 松下电器的事业部制

责。这便是松下电器事业部制的雏形。

之所以这样做,主要原因有两点。一是通过确立事业部制清楚地知道各部门取得了哪些成绩,并实行责任经营。由此也可以清晰地讨论事业部制本身的好坏。二是不能因为事业部盈利,就可以把这个利益分给其他事业部。也就是说事业部本身必须要盈利。

说到事业部制的效果,简单来说,它会培养出真正的经营者。总之,它可以真正地考验一个经营者。幸运的是,松下电器从一开始就做到了一点,所以大家都是有实力的经营者。

从松下幸之助的话中,我们可以感觉到,在企业不断扩大的过程中,松下幸之助自然而然便产生了构建事业部制这一想法,但是绝大多数经营者并没有因为公司规模的扩大,就想到"要将每个部门全交给自己手下的员工经营"。由此也可以看出,这个想法背后蕴含了松下幸之助的想法的独创性。

比如,在创业不久就有传言,松下幸之助将用于制作插座的绝缘体的制作方法公开给所有的员工。按当时的习惯来说,一般只会把重要的技术告诉给一小部分人,以免将自己的技术外泄。但是,松下幸之助却信任自己的员工并毫无保留地传授给他们。从这个故事中,松下幸之助"信任自己的伙伴并委以重任"这一品质便可见一斑。

组织一直在不断变化

松下电器实行了一个划时代的新制度,将业务按照各个产品领域划分,在各个事业部实行产销一体化并采用独立核算的方式将经营权交给手下的员工。在那之后,仅仅过了两年半,松下电器便实行了一个新的制度,即 1935 年 12 月实行"分公司制"。

对此,每个人的意见都不太一样,比如是否应该把分公司制当作事业部制的进一步发展,或者这是否可以理解成一种战略方向转型等。但是,据松下电器当时留下的记录可知,至少在公司内部称其为"分公司制的转变",虽然这看上去有点儿随意,但久而久之,员工也习惯了。

其实，比起根本性的组织变革或是战略方向转型，分公司制更接近于优化的事业部制。还有一点，当时采用分公司制的企业有住友财阀。在看完松下幸之助自传等资料后我发现，他在少年时代，就对住友财阀有过憧憬，因此不能排除他效仿住友财阀经营模式的可能性。

顺便说一下，1936年，松下电器的员工总数已达到3500人。在引进事业部制之后的3年里，员工总数竟然增加了2倍以上。工厂总数也增加至14个，其中包括海外的分店、营业部等。专利等知识产权（包括当时正在申请的）有600个左右，一年的销售额达到1200万日元以上。此外，公司规模也在不断扩大，由松下幸之助个体经营转变为松下电器产业股份有限公司，其资金达到了1000万日元。

自松下幸之助提出自来水哲学，以及"250年计划"之后，员工的积极性达到了顶峰，用松下幸之助的话来说，"什么都能做成，什么都能卖出去"，企业高速发展。即便只从员工的增速来看，公司发展的迅猛之势也可见一斑。松下电器从新兴企业一跃成为中坚企业。其实，事业部制建设对这个时期的松下电器发展做出了很大的贡献，因此我在之后会对其原因进行阐述。

1935年引进的分公司制，不仅是名字就连形态上也与事业部制相去甚远。但是，根据我在松下电器工作时查阅的社史资料来看，分公司制在内部被看作是事业部制思想的进一步强化。当时松下电器的董事这样说：

> 这个分公司制的思想其实和事业部制的思想基本是一样的。但是，为了将事业部的自主性进一步强化，于是才将其以分公司形式体现出来。这个时期也许是松下电器事业部思想最普遍的时期。
>
> 松下电器产业《社史资料》No.7

从这段记述当中，也可以看出松下幸之助的事业部制思想很稳固。这种思想在发展成分公司制之后，更加深入人心。也就是说，真正重要的不是事业部制的形式和名字，而是其中包含的思想。总之，只要思想一直在，那么形式怎么变都没有关系；反之，若只有形式，那么随着思想的变化其含义也会发生变化。

这才是理解事业部制的核心要点。

在 1935 年实施分社制后,松下电器产业股份有限公司变为控股公司,按照产品类别将事业部变为分公司,此外贸易、直销等营业部门也实行分公司制,这些分公司的社长都是由松下幸之助兼任,而在此基础上,常务董事和董事被任命为经营责任者,由此便组成了董事会。

在分公司制实行之后的几年里,松下电器"什么都能做成,什么都能卖出去"的状态一直持续着。激增的员工人数也证明了这一点。到此也许是松下电器"光的时代",也就是分公司制最活跃的时期。

1944 年 11 月,松下电器不得不转变为"制造所制",将分公司合并成总公司对应产品类别的制造所,各地区的营业部也变为公司的内部组织。这一改革可以说是非常适应当时的社会环境的。从员工人数来看,1945 年,包括实习的学生,松下电器共有 26 832 人,可谓达到历史最高水平。增加的员工大多数只听从外部的命令,从事船只和飞机制造等军需生产工作,整个公司似乎忙得不可开交。

在实行分公司制的时候,各分公司由董事负责经营,但在实行制造所制度之后,各个制造所的负责人一般是经理。为此,在这个时期,松下电器分别设有董事会和经理会。从经理的角度来看,虽然有产品类别的自主责任,但经营本身已采取集体合议制的形式。也就是说,在这个时候,"将业务按照产品类别进行分类,每个业务部门采取独立核算的方式进行自主责任经营"这种原本的事业部制思想已经搁置了。因为各个制造所原本是作为独立的组织体进行核算,他们早已不亲自"经营",只在生产活动上受限。

导致这种状况发生的原因有很多。首先,由于物资的分配体制市场本身的活动萎缩;松下电器由于要应对军需生产,于是企业行为过度向增产上倾斜;其次,还有一部分核心员工应征入伍导致营业部门的劳动力短缺。基于以上原因,松下电器很难继续保持此前利用事业部思想构建的组织。即便第二次世界大战结束之后,由于驻日盟军最高司令官总司令部严重阻碍企业运营,很难进行组织改革,松下电器制造所制度还是持续了几年。之后看来,这件事对松下电器的组织体制产生了很大的影响。

终于,在1949年7月,松下电器进行了第二次世界大战之后的首次改革,称为"工厂制"。这次改革将组织按产品类别分类,摒弃了此前产销一体化的事业部制,完全恢复到职能部制度。也就是说,工厂、营业部门、总部和人事部门主要是按职能组织的。在混乱的社会中,大多数企业的经营都非常困难、苦于缺少资金,松下电器也不例外。为渡过这次危机,只能把组织规划精简为职能部制度,并统一由松下幸之助直接管辖。

但是,由于松下电器经历了规模的急剧扩大,加上产品种类的多样化,这个传统的体制并不能很好地发挥作用。为此,不到一年松下电器又再次进行组织改革,恢复了事业部制。

由此看来,松下电器的组织改革从某种意义上来说有着一定的灵活性。特别是在第二次世界大战之后,松下电器为了生存下去,不断适应着周围的环境。

恢复事业部制存在的问题

这里我们再回到事业部制的变化历程。1950年,松下电器恢复了事业部制。此时看上去和1933年时一样,但是,细细品味其组织结构,就会发现原本的事业部制的思想并没有很好地体现出来。

例如,在各个事业部下设很多相关的工厂,它们和销售部门的一体性被削弱,可以说建立了一种新的体制——细分的事业部制。

之所以变成这样,主要是当时的社会还处于一种比较混乱的状态,市场也很不稳定,所以松下电器很难去了解需求,并对此形成一套供给系统。此外,在公司内部,生产用的材料和资金也得不到保障。因此,每个事业部独立进行的经营决策,是非常危险的。

由于战争,员工的心灵也受到了冲击,一时间难以恢复,因此很难像在第二次世界大战前松下电器的"全盛时期"那样工作。总之,第二次世界大战后的事业部制与原型对比来看,早已经变质了。

即便如此，1950年后松下电器在一系列正面因素的加持下，得以快速发展。如解除驻日盟军最高司令官总司令部的财阀指定和企业活动的限制，由朝鲜战争特需还有电气化潮流带来的日本整体经济的复苏，还有与荷兰的飞利浦公司在技术上的合作等。

之后的重大组织改革是自1954年9月起松下电器转为事业总部制。这次改组主要是因为业务领域不断扩大，事业部数量增多，企业分权等问题严重，改组后可以实现经营上的有效交流沟通。具体来说，就是设立总括第一事业部到第十事业部的事业总部，总括整个营业部门的营业总部，总括人事、财务还有总务等管理部门的管理总部，以及总括研究和技术相关部门的技术总部。

到这里，松下电器已经和开始事业部制最重要的"按照业务领域将生产和销售一体化并培养经营者"的理念背道而驰。反之，生产就是生产、销售就是销售这样的"细分的组织分化"模式进一步发展。

当然，每个"总部"在统一整个组织，以及保障公司顺利运营等方面发挥了巨大的作用，因此并不能从根本上否认这个制度。尤其是在 20 世纪 50 年代前半期,黑白电视、洗衣机及冰箱"三大神器"流行并开始加速走进日本的每个家庭,很多业务领域开始将产品研发聚焦于生活,让日常生活更加便利。因此,松下电器要纵观整个家电市场,而不是让各事业部专注单一产品类别。

1961 年,此时的组织无法应对不断扩大的业务领域和国内外持续扩宽的销路。换句话说,事业部的数量增多,已经超过一个事业总部可以统筹的极限。

因此,松下电器按照相关业务进行分类。比如,家电化业务归入"电气化事业总部",电视、收音机、立体设备等音频相关业务划分为"无线事业总部"。此外,还有技术总部、营业总部、国际总部、人事总部、财务总部、管理总部,以及我刚进公司时隶属的策划总部等,每个总部的部长聚集在一起的"总部长会议"才是核心,它决定了整个松下电器的运营方针。此时松下电器的营业额为 1360 亿日元,员工总数为 28 000 人。

在此之后,1964 年 1 月,松下电器在事业总部制的基础上又设立了"经营局",我认为可以将其分为"国内经营局"和"国外经营局",前者总括了国内所有的事业总部,后者总括了国外的事业总部。这一场改革主要是为了积极应对1964年4月的开放经济体制。所谓开放经济体制就是,在国际货币基金组织(IMF)中,日本实行外汇开放政策,此外加入经济合作与发展组织(OECD)。也就是说,松下电器的贸易对象不仅有国内市场,还有国外市场。因此,改组主要是研发国外所需的产品并增设国外工厂。由于国内经营局由社长负责,国外经营局则由副社长负责,这件事看起来极为重要。

此外,经历了"热海会谈",自1964年下半年到1965年,由松下幸之助本人直接负责最后的组织改革。这次改革的成果就是"事业部直销制",在形成了全国范围内的销售网络之后,各个事业部直接将产品卖给销售公司和代理点等。这次改革虽然很难在组织上体现出来,但是事实上,这是生产和销售再次结合的产销一体化事业部制的恢复。1961年,松下幸之助卸任会长一职,再次回到一线进行了一系列改革,这让经历了经济衰退的松下电器重振士气,业绩也得到了恢复。

三大危机和组织改革的关联

要想概括事业部制的历史,就要先确认松下电器和影响松下电器的"三大危机"之间的关系。正如松下幸之助所说,松下电器自创立以来,主要面临了三次重大危机。第一次是在1929年年末,受经济大危机的影响造成了大量库存积压;第二次是第二次世界大战后,社会混乱,以及来自驻日盟军最高司令官总司令部的各种限制;第三次是1964年,随着经济衰退出现的销售疲软。

经济大危机时,日本经济严重衰退,松下电器的销售额减少了一半,大量库存堆积如山。当时的负责人觉得公司濒临破产,于是去找了还在养病的松下幸之助,并向他提议,要想渡过这次难关,就得裁员。但是松下幸之助并没有答应这一要求,并说不会解雇任何一个员工。于是,为了度过这个非常时期,松下幸之助命令大家将生产工作减半,要求员工只工作半天,并让员工舍弃休息时间全力销售产品。另外,即使员工上半天班,但还是给他们全额工资。当时很多公司不是破产重组就是裁员,而松下电器不仅用两个月左右将库存产品销售一空,还新增了很多订单,最后恢复了正常经营。

以上这件事发生在1929年年末到1930年年初。此后开始应用事业部制,按照产品领域将组织进行分割并独立运营,也许是受到了经济大危机的影响,懂得分散风险,才能灵活地应对市场突如其来的变化。如此看来,经济大危机这个松下电器遇到的第一个重大危机,在某种程度上促进了向事业部制的转型。

接下来是受到第二次世界大战影响的经营危机,这在当时也十分严重。这里列举几个出现危机的原因。首先,松下电器被要求生产军需品,但是军需品的巨额生产费用却无人支付,最后松下电器因此遭受了巨大的损失。其次,空袭导致大阪还有东京的多个工厂和宿舍都惨遭破坏。

不用说,大多数员工及家人、客户都因为战争遭受了巨大的损失。当时的松下电器从事军需生产的工作,虽然规模不大,但还是受到了驻日盟军最高司令官总司令部的各种指定;解体政策让很多分公司分崩离析,惨遭倒闭;资产遭到冻结,不能随意使用公司的资金。此外,即便材料价格和员工工资不断上涨,但是产品的价格依旧低廉,随着产品的生产,公司的损失也越来越大。即便面对各种消极的状况,松下电器还是进行了组织改革,即便都叫作事业部制,但内容上发生了质的变化,这也是无法避免的。

第三次重大危机发生在1964年,当时日本经济衰退,可以说是20世纪50年代经济高速增长的副作用,这种情况一直持续到1965年。其主要原因除了为抑制经济过热实行的紧缩银根外,各个行业内过剩的产品也成了一大重担。

尤其是在电器行业,黑白电视还有洗衣机等主力家用电器普及,市场接近饱和状态。松下电器还在努力打拼,但是在这种情况下收益也开始减少,一大半销售公司陷入了赤字状态。因此,时年69岁的松下幸之助为缓解这种局面,将日本的销售公司和代理店的经营者聚集到热海的旅馆,进行了一次彻底的谈话。这就是所谓的"热海会谈"。

在会谈中,销售公司和代理店纷纷表达了对松下电器的不满,结果好好的会谈变成了"松下批斗大会"。原本计划两天的会议延长到了三天,直到第三天的上午,交涉还没有任何进展。终于在第三天下午,松下幸之助说:"我想了很多,最后我觉得责任还是在松下电器。"据小长谷兵五的回忆,松下幸之助表示,"松下电器能发展到现在离不开大家对我的支持,即便要我提供松下电器所有的资产,我也会全力以赴,不辜负一直以来支持我们的各位。"

通过以上内容可知,松下电器之所以可以渡过一次次的危机,主要是因为松下幸之助敢于组织改革,不管是事业部制的起点、恢复还是回归到本真。

用于心流体验体系的事业部制

要追溯松下电器事业部制的历史,恐怕篇幅有限,一两句话说不完。因此,接下来我主要研究事业部制给松下电器及其员工带来了什么,并且又是以何种方式带动企业发展的。

以企业为主的组织是一个人类的集体,这一点可能看起来太过理所当然以至于常常被人们忽略。当谈到组织理论时,人们往往关注的是经营效率及战略等功能层面的问题。但是,比那些更重要的是,构成一个组织的是"有感情的、活生生的人",若是忽略这一点,只重视效率,那么一个公司的运营绝不会长久。

松下幸之助在 20 世纪二三十年代想到事业部制,其实是中小企业的运营给他的灵感——由于产品的种类不断增加,若是将组织在战略上分割后进行管理,可能会更有效率。回顾松下幸之助的人才培养方式,制造产品前先培养人才这一点至关重要。让不懂收音机技术的员工去挑战生产没有故障的收音机,呼吁员工建设一片乐土,提出"250 年计划"等,这些都是为了激励员工,让他们成为优秀的人才。由此可知,松下幸之助通过促进人的成长来实现松下电器的成长。也就是说,事业部制里包含了某个促使员工进入心流状态的要素。

正如前面所说,事业部制的目的是让每个事业部进行"自主责任经营"并"培养出优秀的经营者"。由此,可以知道松下幸之助想通过成立事业部来实现人才培养的目标。

此外,松下幸之助每天都会强调,要想做出一番事业就要有热情。事业部制的精髓是专业细分,即将注意力集中在一项产品领域。若大家身边的环境能让自己集中于一项工作,那么大多数人都能一心一意地专注于这份工作。这样一来,松下电器引进事业部制的作用也就得以实现,即"员工能够热衷于眼前的工作"。

在这样的前提下,当我们想到事业部制给松下电器的员工带来的收获时,可能就会想到其与契克森米哈赖的心流理念的关系。在第1章我讲述了心流的八个构成要素,由此不难想到也许是事业部制激活了松下幸之助进入心流状态的各要素,我们一一确认下。

有明确的目标

事业部制使专业得以细分,进而让事业部有了明确的目标,即收音机事业部就是研究收音机。

有及时的反馈

我介绍了在建立事业部制的同时,松下电器在员工上班前会进行早会,在下班后会进行晚会。因此,公司可以了解各位员工每天的工作状况,也能实现员工之间的交流,同时得到及时的反馈。此外,产销一体化使得各事业部与市场的联系更加紧密,同时也能得到来自顾客的反馈。

挑战和能力平衡

这虽然是个人的问题,但是如果能挑战一个明确的目标并得到能力上的提升,不管是组织还是个人都能达到挑战和能力上的平衡。

提高注意力

因为建立事业部制让员工有了一个明确的目标,因为自主责任经营,员工越来越有热情,注意力也不断得到提高。

当下最重要

只要能够全身心投入各个事业部的工作并提高注意力,眼前的工作便不是难事。

控制自己和现状

这虽然要看每个人的水平,但只要集中在一项工作上,并不断提高自己的能力,便能控制自己和现状。

时间感会改变

只要集中在一个工作上,提高自己能力并热衷于自己的工作,这时的时间感自然会发生改变。

忘却自我

只要不断提高自己对工作的投入程度,就会全身心投入进去,甚至在最后忘却自我。

稍微整理一下便会发现,正是实施事业部制,才让每个员工"注意力集中"。这样一来,当大家全身心投入一项工作时,便会提高自己的技能并达到"CS

平衡"。在这种状态中,注意力会得到提高,经过"行为与意识融合"状态,即意识不到自己对现在行为的认识,最后会达到忘我的"自我意识的投入""忘却自我"等输出阶段。也就是说,事业部制将工作中的每个人引入"心流状态"。

此外,当松下电器的员工和领导体验到了心流状态中的"愉悦感"后,不难想象他们便会获得"自带目的型人格",这个人格的特点便是挑战本身就是行为的目的。

由于当时的松下幸之助并不了解心流体验论,所以当松下幸之助构建事业部制时,还并没有与心流相关联。但是,这个让每个员工集中于各自负责工作的组织结构也可以被解释为,它创造了一个容易引发心流的环境。

事业部制使员工成长、发展

在第 1 章有关心流的说明中,我讲到心流让人变得更复杂。所谓复杂也是一种进化。1933年和1935年是最初事业部制思想最普及的时候。这时，很明显员工们，尤其是那些事业部部长或是分公司的领导们，他们在努力经营组织并为之奋斗的过程中，已经在变得复杂了。

在某种意义上，由职能部制度到事业部制的组织改革是一个更大的挑战。不管是负责自主责任经营的事业部部长，还是在其手下工作的员工们，每个人都在专业细分的负责领域中，为了确保一个良性环境而日夜努力着，这就是"新产品的研发—生产—配送—销售—汇票代收—利益的保证"。在这个过程中，大家的能力得到了提升，最终进入了心流频道，并全身心地投入工作当中。

第二次世界大战后的事业部制，主要重视的是组织经营效率的提升，还有应对市场战略的对策。也就是说，组织的构建并没有朝着"以人为本"的方向发展。

从某种意义上来说，将注意力集中在专业细分化的工作上，对于第二次世界大战后的情况来说是有一定优势的。但是,将生产任务归生产部门,将销售任务归销售部门,即便是财政独立、自主责任经营的条件也不够的,最后经营者们便不会有提高。由于按功能分类的组织建设的推进,松下幸之助在一段时间里曾提出,要将公司打造成专业的匠人集团。但在松下电器原本是想让所有员工都能够考虑如何经营,因此这也就偏离了本来的方向。除此之外,由于组织的扩大及事业部的增多,也滋生了自以为是的"派系主义"。这一结构的好坏参半,既有正面要素,又有负面要素。

1964年下半年,松下幸之助再次上阵指导,通过引进"事业总部制",松下电器在某种程度上又回到了类似于第二次世界大战前事业部制的体制。不出所料,松下幸之助采取的一系列举措取得了成效,有所提升销售额。多年来,松下电器早已成为巨头企业,若想从根本上重新建设松下电器的组织结构,恐怕连松下幸之助本人也办不到。

未来的松下电器将在进行各种改革的同时继续发展下去,组织的结构一定会顺应时代的发展并不断变化。与其说这是大势所趋,不如说经常着眼于下一次改革并让组织发展起来在经营中是必不可少的。此外,其他企业在建立有自己特色的组织时,也会向松下电器看齐或是将松下电器当作反面教材。

但是,不管事业部制的形式还有名称发生什么样的变化,在初期事业部制的哲学当中,很多要素都能对将来有一定的参考价值。其中最重要的不是战略和效率优先,而是将员工们引入心流状态中的"以人为本的组织建设"。

CHAPTER 7
第 7 章

提出"社员稼业"

　　我的想法就是"社员稼业",即每个人都是独立管理团队的主人公或者经营者。从整个公司的角度来看,可能每个员工的工作就是做好松下电器的员工。但实际上,不知道大家能否贯彻一种想法,即自己也是某一项工作的经营者。

——松下幸之助

"社员稼业"是松下电器的风格

松下幸之助作为一个"善于讲述哲理的经营者",给后世留下了很多令人印象深刻的话。有的时候,他甚至还会创造一些新词。

松下幸之助创造的新词不胜枚举,比如"创业命知元年"(知道一个实业家真正使命的那年)、"看不见的合同"(在第二次世界大战后的复兴时期预见未来的潜在需求)、"堤坝式经营"(提出一个目标,在设备还有库存等方面有适当的余裕)等。

本章提到的"社员稼业"是松下幸之助造的词,这也是他对员工一直反复强调的一个重要概念。这个词表达了松下幸之助的经营风格,即要将松下电器打造成一个什么样的公司,同时这个词的出现也是为了企业文化的建设。

松下幸之助在1963年1月的经营方针发表会上清晰地讲述了这一想法还有实施过程,我在这里引用一些重点内容。

如今,有很多刚出校门的很优秀的人,也有很多有才能又优秀的人,大部分去了中小公司,其中还有部分人开始创业。但是不可否认的是,大部分人还是想去大公司上班。

但是当你进公司之后就会发现,不管公司有多少人,它都是一个管理团队。因此,虽然公司的员工负责其相应的工作,但只有极少数人会站在经营者的立场想问题。大部分人只是作为员工,负责某一部分工作。这些人可能会成为实业家,或者找到自己生活的意义,大多时候,他们只能待在自己的舒适区。在我看来,这是存在问题的。

大家都知道,松下电器在早期就将公司的各个部门独立运营。在我看来,我希望每个人都能够尽可能地站在经营者的角度去思考、体验。松下电器现在有了事业部制,还有独立核算制度。我的目的主要有两个:一是为了公司的长远发展,二是大家可以站在经营者的角度去思考问题并获得成长。

但是,大家都知道,即便我这么做,大家还是不能真正站在这个立场上,无法把自己当作独立的经营者,或者无法通过工作成长。

其实我今天想表达的是,如今松下电器的每个员工虽然在某种程度上能够贯彻公司的想法,但仅仅这样是不行的。

基于以上,我想知道大家能不能满足我以下说的这些想法,或者大家听一下我的这些想法是否有不对的地方。

我的想法就是"社员稼业",即每个人都是独立管理团队的主人公或者经营者。从整个公司的角度来看,可能每个员工的工作就是做好松下电器的员工。但实际上,不知道大家能否贯彻一种想法,即自己也是某一项工作的经营者。

当提到自己是松下电器的员工时,"我是松下电器'社员稼业'的主人公。这是我作为松下电器员工的工作,同时也是我个人的工作。我是这种意义上的松下电器的员工"。若每个人都能贯彻这些想法,那么在我看来,每个人的大脑中都会产生一种难以想象的伟大力量。

我认为,当带着"社员稼业"的意识去工作时,工作中的痛苦也会消失,大家会感受到工作的快乐,甚至忘记时间的流逝,不知疲倦。

第 7 章
提出"社员稼业"

这看起来可能有点儿难,但至少我想请大家思考一下这种可能。如此一来,工作中的无趣还有烦闷应该都会烟消云散。

我希望每个人都能把发展壮大松下电器当成自己的本职工作。我希望大家的格局可以大一点儿,不要想着工作就是为了工资。我希望大家能达到一种思想境界——这份工作和自己的生命是一体的,这种独立的个体经营的工作,也就是所谓的作为松下电器员工的工作。

《松下幸之助发言集 23》

松下幸之助面向员工的讲话内容包含了几个重要的关键词。所谓"社员稼业"就是希望人们可以意识到,公司里的每个员工并不只是隶属于公司的,"公司职员"是经营独立业务的主人公,也是经营者。

员工以这样一种心态去工作,就能够从被动消极的工作状态中解脱出来,不再有"一直被公司使唤""一直被公司压榨""自己不过是个配角""只要把分配的工作做好就行了"等想法。当一个人成为所谓的主角,就会有很大的动力,其人生也会变得更加幸福和充实,投入工作之中,业绩会提高,最后还有可能加薪升职。当然,此时不光是员工,他们的家人也会过上幸福的生活。这便是松下幸之助一直强调的观念。

从下一节开始,我将从不同的角度分析"社员稼业"这个概念产生的历史原因及背景,"社员稼业"带来的连锁反应,以及体验"社员稼业"的过程等。

"社员稼业"的背景

此前,我讲过了"社员稼业"就是要意识到每个员工都是一个经营者。那么,松下幸之助又是从什么时候开始有了"一个经营者的意识",并把它和自己融为一体的呢?松下幸之助自幼家庭没落,他小学退学后,从九岁开始就做了店员。在我看来,松下幸之助就是在五代自行车商店打工这段时期,有了作为一个经营者的意识。有很多事情可以佐证这一点,但在此值得一提的是松下幸之助在少年时期第一次接自行车订单这件事。

当时松下幸之助只是一个小伙计,他的工作内容就是帮忙打扫店铺、修理自行车、跑腿或者看店。以松下幸之助当时的能力来说,他还不能胜任销售高档自行车的工作。但是某一天,就在老板和店员都要出去时,突然有一位顾客让他们拿一辆自行车去给他看看。老板情急之下,只好把这个任务交给松下幸之助。

虽然在松下幸之助的耐心讲解下,顾客同意买一辆自行车,但是却要求打九折。据松下幸之助了解,店员一直是以九折销售的,于是便答应了那位顾客。但是当他回来之后,却被老板骂了一通,老板对他说绝对不能以九折销售,松下幸之助不禁哭了起来。虽然被老板骂得很惨,但是松下幸之助一想到不能履行和顾客的约定,顿感受挫。但是顾客听说了这件事后,看到松下幸之助被老板批评后内心还是想遵守约定,不由得为此感动。后来那位顾客不仅以九五折买下了自行车,而且还表示,只要松下幸之助还在这里工作,他有需要时就会只在五代自行车商店买自行车。

这个故事讲述的是松下幸之助少年时期的纯真还有善良，但在我看来，还有一点不能忽略，那就是他在自己的责任范围内做好了生意，在取得成就之后还体会到了其中的快乐。当松下幸之助首次"营业"并卖出自行车的时候，想必他一定很卖力地为对方讲解自行车的功能还有操作方法。那时的他，卖出一辆自行车，可能会对自己更有信心，或者获得的工资会上涨。但是在他看来，他完全不在乎这些结果，他所在乎的是如何将一款自行车的卖点介绍给他人。

虽然松下幸之助因为答应别人打折出售而被老板训斥，但他还是靠着强大的责任感努力遵守约定，最后获得了顾客的信任。想必就是这次成功的经历被他牢牢记在心里，他开始形成了作为一个商人的认知，他甚至领悟到了什么才是经营和投入工作中的快乐。

接下来我们结合松下幸之助的个人经历来分析《社员稼业》中序言的一部分。

大家都是公司的员工（松下幸之助是自行车店的小伙计），按照"社员稼业"理念，每个员工都应该把自己当成公司的经营者，并为公司负责。如果大家都是店主，那么此时大家就会在如何经营自己的店上下功夫（松下幸之助努力为对方介绍自行车并销售）。如此一来，大家便不仅仅是小职员（松下幸之助不再只是一个小伙计）。员工工作做好了，顾客便会开心，并表达自己的谢意（顾客答应松下幸之助只要他还在这里工作，有需要时就会到这里来买自行车）。这自有一番趣味。

将这部分内容与松下幸之助在五代自行车商店的经历结合来看，就会发现他当时的行为就是建立在了"社员稼业"这一想法之上。

在那之后，松下幸之助在大阪电灯工作，在1918年创立了松下电器，开始了经营者之路。一开始公司规模很小，但是后来松下电器的各种热门商品问世，如改良版插头、双灯用插座、炮弹型电池式自行车灯、"National"牌角型灯、"超级电熨斗"等，其业务范围也急剧扩大。在那段时间，松下电器经历了无数的困境，甚至渡过了经济大危机，而松下幸之助作为经营者的能力也得到了锻炼，并形成了强烈的人才培养意识。此后，在1932年，松下幸之助提出了"创业命知元年"、自来水哲学和"250年计划"。在第二年,也就是 1933 年,松下电器迎来了一个重大转折点。在这一年里,松下电器引进了事业部制,每天举办早会和晚会,并将总店和工厂从大阪市内迁到了门真地区。

在每天的早会和晚会上,松下幸之助都会对员工讲话,他的讲话也被记录了下来,并编撰成《业主每日讲话》。这也是了解松下幸之助当时思想的重要资料。文章里面还没有"社员稼业"这个词,但是其中有很多与其类似的想法,在此引用几处内容。

再小的工作也是一种经营

也许是受到最近门店增多的影响,所有人都只集中在工作上,而没有考虑有没有什么办法可以提高效率,整个公司的人都在被工作牵着走。这样下去绝对不行,这样下去不可能进步。

我们必须要把自己的工作当成一种经营,当你把每个微不足道的工作都当成一种经营时,会发现有很多地方值得去改进,因此便会在工作上有新的发现。所有人都付出同样的努力,但只有少数人可以成功获得好处。这是因为有的人欠缺一定的经营理念,也没有进行任何思考和研究,只是一味地投入工作当中。

正如我刚刚所说,当我们公司成为一个有很多人的大集体时,我们就要考虑未来。只有当一个人走向社会也能独立独行,不管做什么都能独当一面时,公司才能达到预期的目标。此外,只有积累了一个经营者应有的素养,大家在未来才会所向披靡。

1933 年 12 月 16 日

1933 年 12 月,距离设立事业部制已过去了 7 个月。在此阶段,松下幸之助指出,由于松下电器组织的扩大,员工都在机械地做着手里的工作,大家都陷入了一种被动工作的环境。在这段时间,虽然大家情绪都很高涨,公司也实现了高速发展,但是要想让不断进来的新员工能够和有经验的老员工一样工作,就需要严格的语言指导。

他同时强调,再微不足道的工作都应被看作一种经营,即便一个人进入社会也要能独当一面。从某种意义上来说,这其实就是我们一直所说的"社员稼业"。松下幸之助确实意识到了提高员工经营者意识的重要性。

经营者的素养

时隔很久后,我昨天去了第七、第八工厂,我视察了工厂的各个角落。当看到很多方面都有了明显的改善后,我感到很开心,同时也深深感到,经营还是得靠人的管理。这要归功于井植岁男和武久逸郎两位部长,他们在工厂一线的经营,使得业绩得到了明显的提高。我在对如此日新月异的变化感到震惊的同时,也深深感到了公司员工的强大。

虽然公司的前途看似一片光明,但眼下的问题是没有太多高素养的人。因此,我强烈希望把公司里每个人都培养成有经营才能的人。我希望每个人都可以意识到这一点,并且能够具有经营者的素养。在如今的社会,若员工只是一心工作,不容易崭露头角。松下电器开办店员培训机构㊀培养员工,并不只是一时

㊀ 1934 年开始运行。招生对象主要是小学学历的学生,开办目的主要是让学生们在三年里学习旧制中学内的商业和工业课程后,可以掌握同等的知识,同时也是为了提高学生的素养,将他们培养成毕业后可以直接工作的员工。1945 年 10 月停办。

兴起,我相信大家在反复斟酌我前面说的话后,能够了解我的真正意图。

1933 年 12 月 26 日

在这一天的讲话中,松下幸之助指出一个组织里的人是否有经营者的意识,很大程度上决定了组织的运营情况。此外,创办店员培训机构,也是为了培养员工。从这些讲话中,我们可以得知松下幸之助的决心坚定,他不仅要在制造产品前先培养人才,而且要培养有经营者意识的人。

此外,《通过故事读松下幸之助》中也记录了松下幸之助将"社员稼业"这一思想传递给员工的故事。

说到这里,有一个"开点心铺"的故事。在 1955 年左右,松下幸之助发现刚刚发售不久的新型被炉中可能有残次品,于是不得已将其全部回收。此时的松下幸之助要求当时电热器部门的科长辞去工作去经营点心铺,让他想一下当点心铺开业的时候,需要付出什么样的努力。其实松下幸之助是想告诉他,开个点心铺就要付出很多努力,更何况是销售价值几千日元的电器产品,这得付出更多的努力。不得不说,松下幸之助的说法堪称绝妙。

最后,松下幸之助收回了让科长辞职这句话。这也许是因为,当他宣布要解雇科长时,电热器部门的科长便在那一瞬间有了觉悟和决心,有了必须要承担起回收所有产品的责任。此外,通过认真思考如何经营一家点心铺,便能更形象地想到一个经营者应该是什么样的。正是因为松下幸之助感觉到他领悟了一个经营者应该有的素养,所以取消了解雇他的决定。其实,松下幸之助一开始就没有想解雇他。这个故事可以说完美诠释了一向善于培养人才的松下幸之助的独到之处。

还有这样一个故事。一次,松下幸之助突然叫住一个店员,问他:"今天的销售额有多少了?"这个店员为了回答松下幸之助拿出了每日的试算表。就在这时,松下幸之助看到对方没有立刻回答出来,也就是说没有将每天的销售额记在心里,于是他便呵斥了那个店员。之后,松下幸之助告诉店员:"如果不能将之前的营业额、今天的营业额、本月的目标和完成率，以及截至月末的预计销售额记在心里，那么你就算不上是一个真正的生意人。你之所以没能做到这一点，还是因为你只是把自己当成一个店员被动地完成工作。今后，你要把每一项工作都当成是你自己在经营店铺来做。"

这个故事虽然没有明确记载来自哪个时期，但是从"店员"这一称呼可以猜测出应该是第二次世界大战前的事。这也可以看作松下幸之助用心的指导，他希望每个员工都能把自己当成一个经营者。当然，松下幸之助在成立松下电器时，很自然地就将所有的数据牢记于心，并通过这些数字来判断每天的经营状况。因此，他才会严厉批评那个没能马上回答他的店员。

综上可以看出，即便当时没有用"社员稼业"这个词，松下幸之助从公司创立早期就将经营者意识铭刻于心，并且希望把每个员工都培养成经营者。在20世纪50年代。松下幸之助提出的"社员稼业"就是当时想法的完美诠释。松下幸之助也通过自己的演讲及著作等向员工们阐述他的想法。

20世纪50年代，是松下电器飞速发展的时期。随着公司规模的扩大，很多员工没有在经营一线工作，大家很容易被动地机械工作，松下幸之助对此有很大的危机感。因此，直到松下幸之助创造出即使基层员工也可以理解的"社员稼业"概念，才直观地告诉员工们什么才是真正的经营。比如，在1962年4月面向新员工的讲话中，松下幸之助就表达了他的危机感。

在我看来，如今的松下电器已有三万五千人。从整体上来看，这三万五千个员工每个人都有一份独立的工作。大家作为松下电器的员工做着某项工作，这是一个人独立的工作。在相应的工作中，这个人就是这项工作的"社长"。只有这样的胸怀，才可以做好一份工作。

但是，很少有人能够做到一直有宽阔的胸怀。也就是说，很少有人能够在工作的时候怀着"社员稼业"这种独立工作的经营理念，不知不觉中还是把自己当作一个普通员工，让自己被动地机械工作。

《松下幸之助发言集32》

第 7 章
提出"社员稼业"

在第二次世界大战之前,松下电器获得了迅速的发展。在第二次世界大战后经济高速发展时期,松下电器又实现了飞速的发展,组织的扩张也突飞猛进。但在这些成绩的背后,也隐藏着一个困境,即有经营者意识的员工越来越少。以上便是"社员稼业"这一概念形成的历史过程。

心流式管理

其实松下幸之助向员工们阐述"社员稼业"的想法主要有三层意思:第一是要提高每个员工的幸福感,第二是要集思广益、实现经营,第三是要培养全面的经营者。接下来我们来逐一了解一下。

员工有了"社员稼业"的意识,也就是他们有了经营者的意识并投入工作当中,此时不难想象他们的工作是更快乐的。换句话说,不是让他们一味遵从领导的指示并被动地工作,而是要不断创新并在工作中处于主动地位,只有这样,他们才会感到工作具有的重大意义，积极地面对各种困难，最后取得显著的成绩。在松下幸之助看来，只要员工在工作时充满快乐，那么他们就可以感受到难以言喻的幸福。

可能细心的读者已经注意到了，本章第 1 节中提到的"当带着'社员稼业'的意识去工作时，工作中的痛苦也会消失，大家便会感受到工作的快乐，甚至忘记时间的流逝"，其实和心理学家契克森米哈赖所提倡的"心流"的理念是极为相似的。总之，拥有"社员稼业"的信念并投入工作当中可以激发员工进入"心流"状态，他们在工作时便会感到十分快乐。在每天的工作中不断挑战高难度的工作，之后便会经常进入"心流"状态，并成为一个"心流达人"。如此一来，自然而然就会拥有一个快乐的人生。

那么，我们接下来可以思考一下，当从属于一个组织中的大部分人成为心流达人时，这个组织会发生什么变化呢？

当一个人以快乐的心情投入工作时，他们会为了让自己的工作更加充实或是取得更好的业绩，从而努力学习、储备知识并产生新的想法。当然，此时他们的能力也随之提升。当一群有高水平的心流达人集思广益时，他们的想法会碰撞出火花；当很多个心流达人组成一队时，他们会互相给予对方刺激。只要每个人在合作时都能有作为经营者的意识和责任，那么便会发挥出更大的力量。当一群心流达人团结在一起时，便会形成一个"共同的心流"状态，进而产生各种协同效应，最后带动一个组织发展壮大。

这可以说是松下幸之助口中"集思广益经营模式"的理想状态，因此可以称作心流达人的集合体——"集体心流"，这是克里斯托弗·彼得森在其著作《打开积极心理学之门》中提到的概念。

关于要培养一个全面的经营者这一点，早在本章开头引用的讲话中就有涉及，这里我们讲述的是1933年松下幸之助提出引进事业部制时的事情。

由《业主每日讲话》可知，这一点的提出其实与提出"社员稼业"差不多同期。也就是说，在1933年，松下幸之助每天都会教导自己的员工，有经营者的意识是多么重要,同时他也在积极进行组织的变革,培养全面的经营者,并不断获得成功。

之前也说过,第二次世界大战爆发以前,松下电器实现了迅速发展,就连松下幸之助后来回顾时也觉得当时"什么都能做成,什么都能卖出去"。当然有一部分原因是,在前一年,也就是 1932 年,松下幸之助提出了"自来水哲学"还有"250 年计划",这也让员工的积极性提高了。松下幸之助一直反复强调员工要有作为经营者的意识,同时,由于事业部制的实施,松下电器也培养出了很多优秀的经营者。

事业部制的意义是"专业细分化"还有"自主责任经营",也就是专业化经营。通过专业化经营这种制度,一个公司中可以让多个经营者同时成长。之后,在进入心流状态的多个"公司内部的经营者"大展拳脚,由此松下电器才得以在第二次世界大战前这段时间让每个员工共同进步,这将作为理想中的"集体心流"大放异彩。

因此,我想将引导每个员工及整个公司进入心流状态的经营方式称为"心流式管理"。

"社员稼业"与心流

接下来我会详细讲解"社员稼业"这一想法与心流的关系。

进入心流状态并享受快乐充实的人生,这当然是一种理想的状态,但是现实中大多数人无法做到。因为,他们会对自己的工作、组织或是周围的人们感到不满。他们在某种程度上很难找到一个妥协点,进而会产生矛盾,每天只能活在痛苦还有忍耐中,在不断试图找回之前的状态中疲倦不已。

契克森米哈赖就这个问题表达了一个有趣的看法。他在其著作《心流:最优体验心理学》中指出:"人们之所以在工作中没有进入心流状态,是因为人们虽然一直在被动地工作,但大部分工作并不是为了人存在的。"书中还指出:当人们有动力或者是专注工作时,神经系统就会很好地发挥作用,并且当工作做得好时,大部分人都会对自己有很强的认同感。即便如此,不管是之前的法老,还是现在的雇主,他们主要想的都是尽可能多地创造利益的方法,而非将工作做起来更轻松的方法。由于这个重大的矛盾，"大多数人每天都希望尽快从工作中解放出来，赶紧回家"。

总之，大多数雇主想的都是公司利益最大化，导致人们开始机械地工作。但是不管怎么样，人们还是要为了生存下去而不断工作。契克森米哈赖对于这种状态有一个独特的描述，即"工作主要是有机体为了免受熵的破坏而做出的行为"。这句话中的有机体指的是人，而熵则是指一种不确定性。人们为了生存，即便讨厌工作，也不得不去工作。在这种情况下人们并不是发自内心积极地去工作。因此，人们既不能过上快乐的生活，也不能在工作中进入心流状态，即便在闲暇之余找到了快乐，也会被工作中的痛苦所抵消。这样的人生最后只会变得索然无味。

要想从这种消极的状态中走出来，关键是要有"社员稼业"这种想法，其会促使人进入心流状态。松下幸之助一直认为，只要坚持"社员稼业"这一思想，人就会产生一种难以想象的伟大力量，这句话表示了"社员稼业"和心流的关系。

接下来，我还是先研究一下心流的八个构成要素和社员稼业之间的关系。

有明确的目标

这个目标不是未来的长期目标，而是现在正在进行的短期目标。

其实，不管是任何工作，当太执着于最终的目标或是急于取得成绩时，就会偏离现在应该达成的眼前目标。在"社员稼业"这一想法下，当员工带着经营者的心情去工作时，虽然工作的最终目标很重要，但最重要的是完成眼前的工作，以及这个过程。要想实现"社员稼业"并获得真正的充实感、满足感，就要完成眼前的工作并不断积累。从这种意义上来说，意识到"社员稼业"这一想法，就满足了心流的一个条件——有明确的目标。

有及时的反馈

"社员稼业"就是要把所有同事都看成自己的顾

客,并为他们不断提供某种价值。为此,员工就需要了解自己的行为能否产生某种价值。若是在工作时把自己当成一个经营者,就会努力正确把握自己的状态,来让自己的工作更加丰富。

用松下幸之助的话来说,在面馆熬制汤底时,就要一边尝味道一边考虑是否要加调料。这时就需要自己客观地判断汤的味道或者去问顾客的感觉,在获得某种反馈之后,才能及时知道自己的工作状态。因此,意识到"社员稼业"也会促进员工寻求及时的反馈。

挑战和能力平衡

当一个人把员工的工作当成自己的工作并为了成功不断努力时,他很自然地就会想挑战接近自己能力极限的工作。当一个人被分配到适合他的地方,并取得了挑战和能力的平衡时,他就会再次进入心流状态。即便是分到自己不想去的部门,但是为了实现"社员稼业"这一目标,员工在面对眼前的工作时也会尽自己最大的努力。若是没有足够的应对挑战的能力,那么就要努力缩小差距。只有这样,才能取得

"CS 平衡"。

提高注意力

当一个人努力实现"社员稼业"时,在面对眼前的目标,挑战自己能力的极限的过程中,他的注意力也是不断提高的。此时,他们的投入仿佛让工作和自己融为一体,这种状态便可称作心流。

当下最重要

当把每天的工作当作自己的工作而努力时,不管是昨天还是明天的事情都不在自己的意识之中,全部精力只放在了眼前的工作上。当人沉迷于工作时,是没有时间去考虑其他事情的。

控制自己和现状

要想完成自身的工作,就需要经常控制自己和当下的状态。不管是什么岗位,若想让顾客购买优质的产品,就需要控制自己还有当前的状况,将自己的精力集中在当前的工作上。如果是一个新人没有意识到"社员稼业"还有情可原,但作为一个优秀的员工应该知道自己面对的是一个什么样的工作,以及如何去工作。只有把一项工作当成自己的工作时,人才会以更高的积极性去工作。

时间感会改变

松下幸之助表示,在工作的发展中感受到快乐时,便会忘记时间的流逝。这就是在松下幸之助投入工作时经常有的体验。

在第 3 章也提到过,在为洗澡钱发愁时,松下幸之助的夫人就会故意提到工作。这样一来,松下幸之助就会投入工作中忘记时间,甚至忘了去洗澡,于是当天的洗澡钱就能节省下来。当松下幸之助认真投入生产插座这一"自身的稼业"中,就会进入一种时间感发生变化的集中状态,也就是心流。

忘却自我

随着时间感的变化,员工会更加投入眼前的工作,与当前工作无关的事并不在自己的意识内,达到忘却自我的状态。当一个人意识到"社员稼业"时,他会为了实现稼业,经常全身心地投入工作当中,在这种注意力集中的状态下,是感受不到地位、野心、畏惧甚至是自己的名字的。也就是说,当进入心流状态后,人便会忘却自我。

通过以上分析可以证明,"社员稼业"的想法中包含了引发心流的要素。

开展经营活动

此前,我主要研究了松下幸之助讲话中体现的"社员稼业"这一想法。在此,我将分析"社员稼业"这一思想是如何应用到实际经营中的。若只是单纯的理论论述而没有运用到实际的经营中,一切不过是纸上谈兵。

说到在公司内部培养经营者,不得不提到1933年引进的事业部制。松下电器之所以开始事业部制,是因为考虑到公司业务范围扩大,产品生产类型增加,仅凭松下幸之助一人很难管理所有的部门。但是,从中也可以看出,一直以来非常重视人才培养的松下幸之助一直把重心放在经营者的培养上。

我再从《通过故事读松下幸之助》中举一个例子。"拼命创造产品"这个故事,具体记录了松下幸之助是如何在经营一线培养经营者的。

在某段时间,松下电器频繁出现不良产品,问题严重。于是松下幸之助就叫来产品检查总部的负责人,让他对此进行解释。那个负责人回答:"不良产品多出现在设计还有试用等阶段,我们不应该在产品刚生产后检查,而应该在更早的阶段就检查。"

于是,松下幸之助了解到产生不良产品的原因主要是各个事业部的部长太过于依赖产品检查总部。松下幸之助为了解决这个问题,命令他们整顿新产品的生产体系,在产品快要发售时进行检查。也就是说,松下幸之助对检查政策进行了大幅调整。

可以试想下,如果产品在快要发售时被检查出不合格,那么研究相关的费用,以及投入的人才、时间、材料和生产线都会付之东流,并会产生责任问题,风险会变得很大。但是,如果是一个企业的经营者,自家产品不良,理应担负所有责任。为此,他让每个事业部部长都有"和普通的经营者站在同一立场并肩负起责任"的理念。这样一来,他们便会有作为一个经营者的意识。

虽然这件事比"社员稼业"严重很多,但是本质上是一样的。基层的员工暂且不说,若事业部部长这样职位的人都没有经营者的意识,那么更不要提让所有员工都有经营者的意识了。在松下幸之助看来,在管理的时候要先将事业部部长培养为一个真正的经营者,这一点不言而喻。

如何领悟经营秘诀

若只是以文字形式理解"社员稼业",并不能真正领会其中的含义,无法很好地运用。虽然已经详细论述了心流的理论,但没有实际去体验心流,纸上谈兵是无法真正理解心流的。松下幸之助在书中是这样描述他对经营秘诀的体会的:

经营秘诀在于什么？应如何理解经营的秘诀？……在我看来，这些没法用一两句话说清。虽然在学校里会学经营学，但是经营秘诀并不是别人告诉你就能理解的。在我看来，这也可以理解成一种领悟。

《经营秘诀可值百万》

那么，如何才能真正理解"社员稼业"的想法、经营者的意识，以及经营秘诀呢？

简单来说，就是把公司分配的工作当作自己的工作并创造某种价值，将完成的东西交给各方。也可以不断将上述理念说给自己听。在这个过程中，员工工作的心情也会发生变化，在隐性知识的领域也会小有成就。

"社员稼业"与心流有着密切的联系。具体来说，员工全身心地投入"CS平衡"的工作中，努力提升技能以便适应更难的挑战，就是完全投入眼前的工作当中。经过这样的努力，员工自然而然地就会沉迷于工作，并体验到心流状态。

当"社员稼业"不知不觉转变为自己的信念，在隐性知识的领域有所领悟时,如松下幸之助所说,此时员工便会领悟到"这便是经营的秘诀""原来这就是社员稼业"。

此外,迈克尔·波拉尼从认识状态的思考中,发现了"自我放弃的统合"这一概念。它的意思是,当认识对象的某个事物有一些重要特征时,那么认识的人便会沉迷于此,达到"忘我"的状态。比如,当一个人仰望国旗时,他所看到的并不是一块布。国旗成为他的崇拜对象,他便可以忘我地沉浸在对于祖国的情怀之中。

不难想象,这种忘我地沉浸在某个对象之中的"自我放弃的统合"状态和我们之前说的从事某个工作并投入其中,最后忘却自我的心流状态基本一致。迈克尔·波拉尼在哲学性的思考中发现了"自我放弃的统合"这一概念。对此,契克森米哈赖进行了田野调查并收集、分析了大量研究对象的数据。在这一研究中,他发现了心流这一概念,掌握了其忘我这一特征。

迈克尔·波拉尼和契克森米哈赖所走的路看似完

全不同，但他们到达的终点却是一样的。这一点非常有趣，同时也进一步加强了心流的真实性，还有心流体验下实践智慧的必要性。

员工如何成长

领悟"社员稼业"及体验心流的人是怎样成长的呢？拿新员工为例，他们的技能水平不高，但如果他们挑战的工作会让他们竭尽全力，那么便会进入心流状态，将注意力放在眼前的工作，并感受到快乐，甚至忘却时间。

新员工如此带着热情工作，自然会得到领导交给的高难度的工作。在意识到"社员稼业"的员工看来，"如果我的工作得到了顾客或是领导的认可，那么新订单就会不断"。但是，在这种情况下，他们并没有执行新任务的能力。因此，一开始会感到不安。

当新员工追求长久的发展时，他们会努力提高技能水平,最后完成高难度的工作,并再次进入心流状态。如此一来,在不断挑战高难度的工作并提高自己的技能水平时,员工便会进入心流状态,甚至体验到更高水平的心流,员工便会不断成长。

如果一个员工没有"社员稼业"的意识,只是作为一个打工人机械被动地工作,结果会怎么样呢?他们即便漫无目的地生活,但是凭借他们积累的经验还是会有些进步,因此他们的技能也会得到某种程度的提升。但是,由于这些人只满足于已有的工作,而不再要求更多,他们便会过着无聊的生活。长期的工作可能会让他们出人头地,但是由于他们没有挑战自己能力的极限,自然就无法进入心流状态。

为了工作本身的报酬

目前为止,我从多个方面就"社员稼业"进行了研究。其实,换个角度来看,本节题目也存在一个问题,即"人们以什么动机工作,能够获得何种回报"。

因此,我将从"动机"和"报酬"这两个突破口进行分析。

我想明确一个前提,动机分为内在动机和外在动机,报酬也一样,分为内在报酬和外在报酬。内在动机是指内部的动机,如"想要某份工作""喜欢某个公司""在某地工作很轻松",以及"有生活的意义"等;反之,外在动机表示的是对自己外部的某些条件的期待,比如"某家公司的工资很高""假期很多""工作地点离自己住的地方近",甚至是"由于是大厂,基本不会倒闭"等。

内在报酬指的是内在的快乐,比如"感到工作是快乐的""感到生活有意义""很有意思,甚至忘却了时间,达到一种忘我的状态";外在报酬是来自外部的报酬,比如工资、奖金、额外假期、晋升等。

松下幸之助一直提倡"社员稼业",认为这一思想会给所有人带来"内在的报酬",并引导人们过上幸福的人生。普通的公司职员只要把自己的工作做好,把自己当成独立管理团队的经营者或是自己人生的主人公，并专注于每天的工作，那么这个人便会体验到心流状态，并获得无可替代的幸福和快乐。

外在的报酬自然也很重要。松下电器在1965年引进每周五天工作制，在1967年提出超过欧洲平均工资的经营战略等。这些都说明松下幸之助并没有忽视外在的报酬，只是从真正的幸福层面来讲，这只不过是次要的因素。

深化员工对于"社员稼业"的认识，在这样的企业文化下，"心流经营"理念若能渗透到每个员工的内心，并且他们每个人都能成为心流达人，那么这个公司就会变成一个心流达人的组织，如此一来，公司便能实现飞跃式发展。松下电器的成功就是一个教科书般的案例。

松下幸之助很重视公司的发展，但与此同时，他更单纯地希望每个员工都可以幸福。正是因为松下幸之助有着这样的品质，才会让他身边的人追随他，并为了松下电器的发展忘我地努力着。

CHAPTER 8
第 8 章

与飞利浦公司合作过程中"没有私心的决断"

  虽然我也在摸索,但重要的一点是我没有夹杂任何私心。虽然为了和飞利浦公司合作,我伤透了脑筋,但回过头来,其实我并没有什么损失,我的选择是正确的。

——松下幸之助

胜负在此一举的"没有私心的决断"

在松下幸之助作为一个企业家的人生历程中,他最值得夸赞的伟大决策就是,1952年10月16日他和荷兰的飞利浦公司签订了技术合作协议并成立了合资公司。

在和飞利浦公司合作前,松下电器在日本第二次世界大战之后的电视开发竞争中,与竞争公司的水平相去甚远。但是在和飞利浦公司合作后,松下电器引进了飞利浦公司的先进技术,同时松下电器也在进行自主研发,因此在1958—1959年这段时间里,松下电器拿下了日本市场电视产量第一名,这可谓是一场华丽的逆袭。与走在世界前列的企业进行划时代的合作,这也是松下电器的一大动力,让松下电器实现了飞跃式的发展。

我将松下幸之助此次的决断理解成作为一个企业家的重大战略。一般说起企业战略,可能人们在大多数情况下想到的是一些具体的战略,如打入目标人群市场的战略及商品构成,人员的分配方式,等等。但是，从企业今后的前进方向来看，和世界顶级企业合作，也可以称作经营战略的一种方式。

在和飞利浦公司进行技术合作之前，松下幸之助遇到了很多难题，如对方要求松下电器提供技术援助费等，谈判因此一度面临终止。此外，当时的松下幸之助为成立合资公司，需要66 000万日元的资金，这一笔钱远远超过松下电器拥有的5亿日元资金。在松下幸之助看来，这一合作是"胜负在此一举"般的合作，可以看出其算是赌上了公司的命运。

首先，我将引用《决断的经营》中的相关内容，对当时的交涉情况进行说明。

这里存在一个大问题。简单来说，就是存在昂贵的技术援助费用问题。如果是美国的公司只需要拿到营业额的3%，而飞利浦公司却要拿到其两倍以上，也就是7%。

谈到为什么飞利浦公司的技术援助费这么高，他们给出的解释是，松下电器和美国公司合作未必会成功，但是和我们合作成功的概率很高。具体来说，就是飞利浦公司会承担相关责任，从过去的成绩来看确实飞利浦公司都成功了。

如此看来,飞利浦公司对于自己很有自信。松下幸之助瞬间有了一丝动摇。倘若这个公司真的靠得住,那么7%的费率好像也不是很高。

如果因为费用过高而选择放弃和飞利浦公司合作,事情就一下子变得简单了。如此一来,只要松下电器和收取3%费用的美国公司合作就可以了。但是,从合作伙伴的情况来看,还是飞利浦公司最合适。但是,问题就在于飞利浦公司提的条件。因此,我想和飞利浦公司合作,如果有可能的话,我还是希望把费用往下降一点儿。

不过再一想,不管是美国公司的技术还是飞利浦公司的技术,本身没有太大的差距。但既然两者之间存在一定的差距,肯定是有除了技术以外的东西。比如,他们如何让技术得到充分利用并取得一定的成绩。

但我还是希望再等等,说不定这对于引进技术的一方结果也会有所不同。我举个例子,学校的老师自身水平有高有低,在学生眼里,对他们的评价也是不同的。有的学生无论如何也不能理解老师,但也有的学生非常能理解老师。说回飞利浦公司,其员工觉得自己很好,就相当于他们是个好老师,但他们提出要拿7%的费用就相当于他们无视学生的想法。

于是,我对飞利浦公司说:"如果贵公司和我们合作,你们将会比和你们之前合作的公司更成功。如果其他公司是一百分的成功,那么我们公司将会给你带来三百分的成功。因为松下电器的经营指导值得这样的价值。因此,如果可以,我希望贵公司可以给我们3%的经营指导费,相应地我们给你们4%～5%的技术援助费。"

当我说完之后,对方很是吃惊。他们说出了自己的看法:"迄今为止,我们从来没有支付过所谓的经营指导费,这还是第一次听说。"但是,在我耐心地讲解后,他们最后也理解了。谈判很顺利,最后就按照我说的,给飞利浦公司4%～5%的技术援助费,但同时飞利浦公司也要给松下电器3%的经营指导费。

经过激烈的谈判,最后松下电器还是和飞利浦公司达成了一致。但是在那之后,也就是1952年的10月16日,松下幸之助在《松下电器50年简史》中说了自己内心的真实想法,其实在荷兰签约仪式之前他一直很迷茫。虽然松下幸之助一直以来被大家称作"经营之神",但在处理创业以来最大的难题时,他并没有像大家想象得那样泰然自若,反之他的心中一直很不安并不断痛苦地纠结着。

如果仅仅用一个月时间,可以和飞利浦公司签订合同就好了,实际上这次谈判让我身心俱疲。因为我完全没有办法去判断与飞利浦公司合作是否正确。事实上,我就是带着这种模糊不定的心情签订的合同。

我痛恨自己,这么迷茫其实就是自己还不够成熟的表现。但在这种重大场合,我作为一个大家眼中的伟人,本应该痛快决断,没有任何后顾之忧地推进工作。一时间,我觉得应该再磨炼一下自己的这种心智,这是我当时最真实的心情。

据当时松下幸之助的翻译斯科巴所说,当初要与飞利浦公司签合同时,松下幸之助表示希望让他休息下,于是就暂时离开了座位。当时松下幸之助身心受到双重压力,不堪重负,在签约前险些晕倒。他之所以说"这次谈判让他觉得很疲惫",想必就是因为他

第 8 章
与飞利浦公司合作过程中"没有私心的决断"

当时的状态不好。虽然他感到前所未有的压力,但他还是带着信念签下了合同。他是这样描写他当时的心情的:

> 虽然我也在摸索,但重要的一点是我没有夹杂任何私心。虽然为了和飞利浦公司合作,我伤透了脑筋,但回过头来想,其实我并没有什么损失,我的选择是正确的。

松下幸之助一直坚信的是"没有夹杂任何私心做出的决断"。在本章,我想以我个人的角度来研究一下,这种所谓的"没有私心的决断"是一种什么样的心理状态。

从和飞利浦公司合作的谈判,再到最后的决断,整个过程并没有按照欧美经营学中的"理性过程"来进行。理性过程决策的一个代表性例子就是,有人提出很多个可替代方案,然后进行对比讨论,最后从中得出一个最让人满意的结果,达到一种协同效应,而且这种方法没有多少风险。

但是,松下幸之助并没有选择这种理性决策过程,他最后得出的想法和结论是直观的、跳跃的。就拿和飞利浦公司合作这个例子来讲,具有跳跃性的结论还有想法指的就是松下幸之助要求飞利浦公司给松下电器支付经营指导费。这在当时看来是不理性的,是对于谈判的一种挑战。

一般来说,松下幸之助这种英明的决断证明了松下电器作为一个企业的飞跃式发展,但实际上在与飞利浦公司签订之前,他们的合作是"不理性的",甚至谈判即将破裂。

接下来,我将在分析"没有私心的决断"的过程中就"为什么会有看似不理性的决断"这一问题进行研究。

何为"私心":基于深层心理学的研究

那么说回来,"私心"到底为何物呢。为解释私心,我在这里将引用瑞士的精神分析学家荣格所提倡的人类意识结构。

奥地利的精神分析学家弗洛伊德分析了人的内心,他认为自己的"意识(表层意识)"中包含了一个自己一直没有认识到的"无意识"领域。他提出的这一观点给全球带来了巨大的影响。荣格虽然在一段时间里曾师从弗洛伊德,但他们由于观点不同最后分道扬镳。荣格认为,无意识分为个体无意识和集体无意识两种。

接下来我们从上到下依次分析。首先是"表层意识",我们可以将其理解为"意识",在人心中,它表示的是"自己可以认识到的领域"。也就是说,平常在我们脑海中用一些词去思考并形成一定的画面,主要是"意识"领域在发挥作用。

接下来是"个体无意识"。河合隼雄在《荣格心理学入门》一书中对此进行了说明,"个体无意识主要包含两方面的内容:第一是意识内容因时间太久被遗忘的,或者是不愿想起而将其规避(抑制)了的内容;第二是虽然没有达到意识的强度,但是由于某种方式在内心留下了痕迹"。这里所说的"抑制"指的是,人们为了自我防卫,将对于自己来说负面的或者难以接受的事情当作"隐藏在无意识领域的不为人知的秘密"。

此外,从近代到现代,"理性的事"在西方人眼里一直占据很高的地位。但这对于人们来说经常有一种精神压迫,即"一定要理性思考并行动",或者是在维持社会秩序这一要义之下,被外界强加所有的规范还有常识。这些要素都限制了人类原有的自由,压抑了自己的精神世界,并在个体无意识中不断累积。这种压力随着各种知识的增加,它们交织在一起变得越来越复杂,最后人类不堪重负。

此外,荣格提出"情结"这一概念,也因此被大众熟知。所谓"情结"就是存在于无意识中并由某种感情所联结的心理内容的集合(《荣格心理学入门》),也译为"复合体"。其中,大家熟知的有恋父情结、恋母情结(俄狄浦斯情结)等。人们一般认为,这些情结就包含并积累在个体的无意识领域。

在此赘述一句,现在"情结"一词在日本大多被误用于表示负面意思。但其实这个词应该叫作"自卑情结",它也只不过是众多情结中的一个。

最后我要说的便是"集体无意识",这个概念是荣格自己的想法,同时也是荣格心理学的一大特点。《荣格心理学入门》一书将其解释为"这是表象可能性的遗产,它不是个人的,而是人类或者是动物普遍都具有的,它是一个人内心真正的基础"。总之,这种想法可以被理解成,在无意识的最深处有我们人类共有的"睿智的源泉",它会以某种形式影响人们的行为方式和思考方向。荣格之所以能注意到"集体无意识",其中一点是因为博学的他将注意力放在了世界的"神话"上。他将各个民族自古传承的神话故事进行比较,发现大多数主题都有一定的共同点,但神话故事形成的时期各民族交流甚少。因此,荣格假设在人类无意识的最深处有一个类似于神话产生的源泉的事物,并将其称为"原型"。

那么,通常人们看起来是在"表层意识"范围内思考事物,进行某些判断并在判断下行动的,但实际上人们并不是用"表层意识"思考的,那些隐藏的"个体无意识"领域对思考和行为等产生了极大的影响。

我们每天都在经历这些，比如心中有着某种情结，在无意识中某些行为就会受到影响。人们虽然不会直接想起过去某段痛苦的经历，但他们做的事还是在无意识中避免重蹈覆辙。反过来，人们也是在无意识中不断重复过去成功经验中的行为。这样看来，"私心"其实是"表层意识"和"个体无意识"的结合体。

由于"集体无意识"比"个体无意识"隐藏得还要深，因此它基本不会对人们日常生活的思考和行为产生直接的影响。随着人生经验的增多，"个体无意识"的影响力越来越大，甚至影响了"集体无意识"还有原型在"表层意识"上的显露。

在此，请大家回顾一下松下幸之助和飞利浦公司合作的场景，可能大家会觉得我的思维有点跳跃。松下幸之助一开始就没有把松下电器当作自己的所有物，他一直认为"公司是社会的公器，我们只是将其代为保管"。虽然松下电气是松下幸之助创立并发展起来的公司，但松下幸之助从来没有把松下电器当作自己的私人物品。因此，在各种需要做出经营决策的场合,他并没有自私地认为是决定自己的公司发展方向。相反,他的想法都是"公司作为社会的所有物,它未来应该如何发展?"

正如前文所述,当松下电器和飞利浦公司合作并成立合资公司时,这场交易似乎像是一个巨大的赌注,因此松下幸之助没法处事不惊。不难想象,他在"私心"(表层意识和个体无意识)的范围内,竭尽全力地思考,直到签约前还苦恼不已。

在做出决定的一瞬间,松下幸之助是什么样的心境呢?在一番挣扎之后,松下幸之助的"私心"在不知不觉中消失了,想必也是这样才让他在最后以"超然的心境"签下了合同。当没有了"私心",松下幸之助才得以向对方提出"经营指导费",才可以拿到那笔远超自己公司资金的巨款,才可以和欧洲厂商合作,而不用和当时日本业内主流的美国厂商合作。此外,松下幸之助坚信,不管是为了松下电器,还是为了整个日本的未来,和飞利浦公司合作并引进先进的技术无疑都是一个正确的决定,也是松下电器作为社会的所有物应有的状态。

从心理学的角度来看松下幸之助的心境可知,其开始是在表层意识和个体无意识的范围内不断思考又不断陷入迷茫。在他努力集中注意力得到一个结论时,他被激发出来了集体无意识中的睿智。最后,他坚定了自己的想法,并决定与飞利浦公司合作。

透过表层意识和个体无意识去回想松下幸之助当时的内心状态就会知道,他并不是从被迷茫裹挟的表层意识中做出的决断。这里可以看出松下幸之助是一个没有"私心"的人。虽然也有人说这是一种模糊不定的心理状态,但人的内心动摇是常态,哪怕一瞬间做出的决断,只要是超越了"私心"的,都是集体无意识的体现。

关于"私心"的研究

举例来说,当一个人去登富士山时,不管是从御殿场开始,还是从河口湖开始,即便选择的是不同的路线,但是最后都会到达山顶。论述一件事情也是一样,即便是从多个不同的学术领域展开,最终都会得到相同的结论。当论述松下幸之助"决策没有私心"时,使用荣格深层心理学之后又使用佛教的逻辑,这一点就和登山的感觉一样。深层心理学的发展主要是在19世纪后,当时多名精神科医生进行的精神分析取得了一定的成绩。相反,作为世界三大宗教之一的佛教产生于公元前6世纪—公元前5世纪的古印度。由此可见,这两者的形成过程相去甚远。因此,在大部分情况下,人们认为两者是毫无关系的。

但是,试着把荣格的著作与佛教相关的书籍中的讨论进行比较就会发现,两者对于"私"的解释比较相近,甚至在某些部分只不过换一种表达来描述同一件事情。这就好比从不同的路线登同一座山。在此,我将借用佛教心理学中的"唯识论"这一思想体系进行论述。

唯识论中的"识"就是"内心"。在唯识论中有和"表层意识"同样意思的"意识",在"无意识"中有"末那识"和"阿赖耶识"等,其中前者指的是对自己的执着,后者指的是认识产生的源泉。由此可以看出,唯识论中所陈述的人类心理结构和荣格提出的观点有很多相同点。

唯识论中的"私心"和荣格的理论一样,可以认为是"意识"和"对自己的执着"的结合体。此外,在"私心"范围内产生的迷茫和烦恼(在表层意识和个体无意识的范围内陷入迷茫),会影响"认识源泉"中产生的智慧(个体无意识的感觉太重,便很难和集体无意识产生联系)。由此可知,唯识论也和荣格的观点类似。

下面从唯识论的角度解释松下幸之助和飞利浦公司合作签约时的心理状态。松下幸之助当时很是苦恼的,他纠结和飞利浦公司的合作是否一个正确的经营判断。想来想去,松下幸之助最后还是签了合同,据说他当时的身心状态都达到了极限,甚至在签约之前不得不中途离场去休息一下。此时没有"意识"和"对自己的执着"的作用,也就是说松下幸之助达到了一个没有私心的状态。这就好比一个修行者在修行达到一定境界时,便会有智慧的产生。用荣格的话来说，就是超越了个体无意识，并从集体无意识中获得了智慧。

虽然这只是一种假设，但是松下幸之助中途离场并对自己的身体还有精神状态进行调整时，他为了集中精力思考，就像坐禅一样进行了"调身""调息"还有"调心"。在和飞利浦公司签约这种挑战身体极限的商务场合，松下幸之助当时的心境已经没有了"私心"，并完成了一个重大的决定。通过这些事实来分析松下幸之助的心理活动，不难看出以上的推论可以成立。

心流状态下的终极决断

在上一节当中，我主要回顾了松下幸之助与飞利浦公司的合作，着眼于松下幸之助自身讲述的"没有私心"，并使用西方的深层心理学和佛教的唯识论对松下幸之助当时的心理状态进行了分析。不管是深层心理学中的无意识，还是唯识论中的无意识，这些领域的讨论很难用人类的表层意识和五感体会到。接下来，我将使用更具实践性的积极心理学——心流体验论，对松下幸之助"没有私心的决断"进行探索。其实在这里，我们也可以看到深层心理学、唯识论还有心流体验论的共同点。换句话说，这也是一条登富士山的路线。

1952 年，对于松下幸之助来说，和飞利浦公司合作对于不管是松下幸之助作为经营者的能力，还是松下电器的企业实力来说，无疑是超越极限的一次巨大挑战。松下幸之助心中感到强烈的不安，并不断烦恼。

但是，当松下幸之助达到一个极限的集中状态并经过深思熟虑后，他觉得有必要投入一笔比松下电器市值还要多的资金，因此他坚定地要与飞利浦公司合作，并提出一个前所未有的条件，即"索取经营指导费"。在松下幸之助决定的那一瞬间，他终于克服了之前强烈的不安，并直接进入心流频道。换句话说，松下幸之助作为一个经营者的能力因此一下子得到了提升，并且在心流的状态下做出了这个决断。

第 8 章
与飞利浦公司合作过程中"没有私心的决断"

此时的松下幸之助已经忘却了自我并沉浸在没有任何私心的心理状态,也正因为如此,他才可以不被杂念影响,并在平稳的心境下做出一个正确的经营选择。

在第 1 章心流的构成要素中,我也讲到心流状态的特征,契克森米哈赖将集中注意力并且自身和行为融为一体的状态称为"行为和意识的融合"。例如,网球选手将所有精力集中在比赛上,只把关注点放在网球还有作战对手上,此时网球选手不会意识到他自己的行为,更不会关注意识本身。这便是行为和意识相结合的状态。

当意识开始与行为分离时,网球选手便开始根据外部反馈来看待自己的行为,他们会产生对于行为的疑惑,从而影响进入心流状态。

不管一个人选择了什么样的生活方式,他们在成长的过程中或多或少都会经历不安到能力提升、无聊到接受挑战或者是两者的反复状态。从这个方面来说,松下幸之助的一生一直在不断重复着通过挑战困难进入心流状态这一成长历程。换句话说,与飞利浦公司建立合作关系这一系列经历,对于松下幸之助来说也是一段成长历程。

松下幸之助每一次遇到巨大挑战并体验到心流时,就会更加享受做生意的快乐。越是体验到快乐,他便越想要接受更大的挑战。如此看来,也可以理解为松下幸之助将做生意这一行为代入了心流理念。

看起来"不合理"的松下式想法和决策

这一节的主题是,1952年松下幸之助在与飞利浦公司合作时"没有私心的决策"。接下来,我将用荣格的深层心理学理论进行分析,然后用唯识论进行进一步的论述,另外用契克森米哈赖的心流理论进行总结。最后,希望大家可以思考一下,松下幸之助在集体无意识中获得智慧后,是如何进行决策的,以及他当时的想法又是什么。

其实,松下幸之助的一些话或是思考的方式看起来未必合理,这也是一个很大的特点。在与飞利浦公司交涉的过程中,对方索要高额的技术援助费。对此,松下幸之助反过来要向对方索求经营指导费,这在商界可以说是闻所未闻的。

还有一件只有松下幸之助做得出来的事。20世纪50年代后半期,松下电器和丰田汽车就车用收音机大幅度降价一事进行商讨。松下电器的领导对此展开讨论,商量要不要接受丰田汽车的要求。松下幸之助告诉他们:"首先,要摒弃'不可能做到'这一想法,要再想一个办法。要重新设计收音机,而不是进行部分改良。"他又补充道:"大多数情况下,下调30%的价格比下调5%的价格更容易些。"领导层听完松下幸之助的话后瞬间觉得醍醐灌顶,他们灵感迸发,最后成功按照对方的要求下调价格,而且这款收音机能带来合理的利润。

"重新进行设计"这一看起来不是很合理并且有点跳跃的想法,恰好是松下幸之助所独有的。除此之外,还有很多地方也体现了松下幸之助的想法很难用常识判断,如"像钟表一样的收音机""自来水哲学""250年计划",还有我亲身经历的"要投放市场的新型电视的选择方式"等。

总体来说,松下幸之助的大部分想法都非常"彻底",同时又很有"戏剧性"。这体现在松下电器划时代的产品研发、组织改革,以及人才培养上。从某种意义上来说,松下幸之助可以说是一个另类的"理念的创新者"。

那么,松下幸之助为什么会不断产生这种令人意想不到又不合逻辑,但是最后取得了巨大成功的想法呢?究其原因,并不是因为他追求合理的思考过程,而是因为松下能够抑制住发挥"私心",并看清事物的本质。

另外,大家都知道松下幸之助的经营哲学包含集思广益的态度。不难想象,这是一种"通过集体无意识激发出对方的智慧"的方法,而非尽可能多听取周边的意见这种无效的办法。松下幸之助作为企业家的能力不断提升,他开始进入一个"空白"的状态,并尽可能听对方的意见,也更能敏锐地感知话语中的智慧。在对方来看,松下幸之助听取了自己的意见,这种开心的感觉会更有利于激发自己的积极性。

在第二次世界大战之后开展的 PHP 活动中,松下幸之助强调了真诚的重要性。松下幸之助口中的"真诚"不仅仅是不对抗别人的顺从,更多的是不要受事物影响、不偏不倚,同时也能够正确看清事情的真相。在 PHP 杂志的目录中有这样一句话:内心更真诚一些,真诚的心会让你更强大、更聪明并做出正确的选择。

松下电器自创立以来便以惊人的速度发展,之后也经历了经济危机,以及第二次世界大战后的混乱等。在这些过程中,个体无意识等的污垢逐渐被消除,人们开始以一颗真诚的心来加强与大自然法则的一体感。用松下幸之助的话来说,就是"掌握了合乎自然法则的想法和态度"。

由此可以得出一个结论,松下幸之助从集体无意识等中产生了智慧,基于这些智慧,"乍一看可能不合理的输入"引发了在经营和产品研发中过程的转换,最后才获得了"完美的输出"。

在本章中，松下电器与飞利浦公司合作，巨额资金和要求经营指导费等"不合理的输入"却带来了高端技术指导这样"过程的转换"，进而有了电视生产额第一这样"完美的输出"。松下电器的成功很大程度上要归功于松下幸之助在集体无意识下的决策，尤其是和飞利浦公司技术合作，作为松下电器历史上一个了不起的经营战略，为其之后的发展做出了不可磨灭的贡献。

CHAPTER 9
第 9 章

心流之最佳企业

我要给大家一个最好的礼物,就是给大家这种处于忘我境界中的状态。只有自己开心地工作,而其他人却痛苦地工作,我会很过意不去。因此,我要让大家和我一样都能够快乐地工作。

——松下幸之助

忘我是工作中成长的动力

我希望各位在看完前面 8 章后,能够再次体会一下序言中提到的"工作中的忘我境界",用一些简单易懂的表达方式来讲述松下幸之助进入心流状态时发自内心享受工作的状态,松下幸之助对于员工享受心流乐趣的期待,以及作为社会所有物的企业对社会做出贡献的希望等。

我一直强调的"工作中的忘我境界"其实就是"心流状态"。具体来说,"投入工作中"这一状态就是将注意力都集中在工作这一明确目标上。"忘却时间"也是心流最具代表性的要素之一。"投入其中,不知疲倦"是因为注意力提高并且只关注当下。"不舍得停下工作"是因为完全沉浸在进入心流状态后的充实感和快乐之中。

"工作本身就让人很快乐"这种心境会让一个人在工作时达到"CS 的平衡","和工作融为一体"就是行为和意识的融合。

松下幸之助希望松下电器的所有员工都能带着一

种意识去工作,即"我是社长,我希望公司变好"。松下幸之助的这种想法表现出他自己是一个"心流达人"。其实,松下幸之助是否知道心流这个词还有它的概念并不重要,从他说过的话还有实践的结果来看,他确实一直处于心流状态中。

松下幸之助说:"我要给大家一个最好的礼物,就是给大家这种处于忘我境界中的状态。只有自己开心地工作,而其他人却痛苦地工作,我会很过意不去。因此,我要让大家和我一样都能够快乐地工作。"如制造产品前先培养人才让每个员工都获得幸福(第2章),提出"自来水哲学"还有"250年计划"(第4、第5章),成立事业部制专注于一个领域(第6章),提出"社员稼业"的理念(第7章)等,松下幸之助的这些想法都是为了让员工更上一层楼,最后大家都会因进入心流状态而快乐地工作。

松下幸之助在面临和荷兰的飞利浦公司进行技术上的合作,投入巨额资金成立合资公司时,他承受着巨大的压力,十分痛苦,但是当他做了"一个没有私心的决断"的瞬间,他超越了自我意识并进入心流状态,激发出了潜意识中的智慧。

当身边的人看到松下幸之助进入心流状态并投入工作时,就会被他这种态度所吸引,自己也开始探索并尝试进入心流状态,然后全身心投入每天的工作之中。当松下幸之助看到身边的人都这样,自己的积极性自然也提高了。松下电器员工还将这份热情传递给了客户,以至于在日本整个产业界都掀起了一股热潮,尤其在 20 世纪二三十年代到经济高速发展时期异常活跃。

从"麦肯锡 7S 模型"看松下经营

目前,我以契克森米哈赖的心流体验论为核心,对松下经营理念进行了研究,在整理每章资料的过程中,我发现了一件有趣的事:《追求卓越》中的"麦肯锡 7S 模型"概念和松下经营有很大的关联性。可能这么说稍微有点儿跑题,但我认为这可以分析松下电器从一个规模不大的工厂逐渐成为全球性企业的根源，并为大家提供一个有趣的见解。

所谓"麦肯锡7S模型"指的是结构（Structure）、战略（Strategy）、技能（Skill）、员工（Staff）、风格（Style）、制度（System）、共同的价值观（Shared Values）。以这七个要素为标准，就能准确地分析企业的水平。这里说的结构指的是组织的结构，风格指的是经营风格或者是企业文化，制度指的是发挥作用的制度。

当我看到麦肯锡7S模型时，我突然有种直观的感觉，其实这些要素在某种程度上和松下经营思想是吻合的。虽然要素的有些地方含义更加广泛，但在大部分范围内还是一致的。

"制造产品前先培养人才"（第2章）相当于麦肯锡7S模型中的"员工"。在松下幸之助看来，人才是最重要的资源，因此"资源的重要性"主要体现在人才的大力培养上。接下来是"收音机事业"（第3章），它主要和"技能"有关。所谓"有效的选择性"指的是松下幸之助选择了收音机这个未知的领域，这一挑战对于技能的提升是十分有效的。

"自来水哲学"（第 4 章）这一经营理念说的就是"共同的价值观"。顾名思义，就是所有的员工都可以共享理念，并以同样的价值观前行。"250 年计划"（第 5 章）就相当于"制度"。以 250 年这一时间为标准，通过从事对社会有益的事业，可以保证企业"在时间上的连续性"，从这种意义上来说，"250 年计划"可以看成发挥作用的制度。

"事业部制"（第 6 章）这个组织结构可以说是松下幸之助自己想出的"结构"，通过将同类业务聚焦于一个空间，各个事业部的成员可以集中精力。此外，由于组织的扩大，人们开始被动机械地工作，松下幸之助便提出了"社员稼业"（第 7 章）这一想法，每个员工都作为经营者，提出自我经营"风格"，让他们了解自己的定位。

最后则是在挑战与飞利浦公司合作这一经营"战略"时做出的"没有私心的决断"（第 8 章），这表现出了松下幸之助激发了潜藏在深层中的智慧。在我看来，这些要素共同发挥作用，才使得松下电器这一企业实现巨大的成长。

以麦肯锡的 7S 模型作对比,并将各个要素以时间顺序排序后会发现,松下电器在初期阶段拥有了一切要素的根本,也就是"员工",然后将他们聚在一起,提高他们的"技能",大家一起努力拥有"共同的价值观"。松下电器为将来发展建立了"制度",顺应组织的扩大构建了独立的"结构",提出了在组织中不会埋没员工的"风格",挑战了前所未有的"战略"并实现飞跃式的发展。

根据分析结果,可以将松下电器看作具备"麦肯锡 7S 模型"所有条件的"最佳企业",而且这七个要素会将人们带进心流状态。由此,可以将松下电器称作是"心流最佳公司"。

松下幸之助想法的来源

松下幸之助被称为"经营之神",那么,松下幸之助是否真的和我们不同?

回顾松下幸之助的生平可知,他命途多舛。他原本出生于富裕的地主家庭,他的父亲由于投机失败失去了所有的财产。松下幸之助九岁时从小学退学就去大阪做店员。一开始他在火盆店打工,之后去了船场的五代自行车商店,每天朝五晚九,有时还工作到晚上10点,只有盂兰盆节和新年才能休息。虽说这种情况在当时很常见,但我们不难想象,这对于一个年仅10岁的少年来说有多么不容易。在松下幸之助26岁时,他的亲人已经全部去世,他几度经历了失去至亲的痛苦。不过想必正是这些经历,才造就了他强大的人格。

经历了这么多事,原本内向的松下幸之助不知从什么时候起变得比一般人想得还要多,这也可以说是松下幸之助的人格特征。在我看来,松下幸之助就是在不断深思熟虑的过程中,才打开了他的"慧眼"。

稍微整理一下思路,松下幸之助在困境中成长,养成了一种深度思考的习惯,并且通过对工作的高度投入进入心流状态。当他思考和观察的时候,他进入心流状态中达到一个忘我的境界,在与集体无意识等直接产生联系的同时进行了彻底的思考。这样想来,我便能理解松下幸之助独特的想法。

虽然我们很难积累和松下幸之助一样丰富的人生经验，但是只要我们在各自的领域朝着进入心流状态不断努力，就会无限接近那个目标。这便是我通过研究松下幸之助得出的结论。

各位在"邂逅"本书，"留意"到某理念后并"接受"它，终有一日大家会成为第二个、第三个松下幸之助，不断为社会做出贡献，那么我的研究也间接地为社会做出了贡献。我很幸运，我以在年轻的时候能够在松下幸之助的手下工作过为荣。

后　　记

　　本书是一个关于心理与经营的剧本，剧本的主人公是松下幸之助。本书讲述了他花了一生的时间，创造了企业这个舞台。你可以将松下幸之助的理念作为经营的教科书。

　　近年来，在人类科学还有社会科学等领域，人们逐渐将目光瞄向"讲故事"。这个过程可以理解为首先要有一个以现场角度讲述的"故事"，然后研究者对其中的内容进行解读，同时进行二次创作。在本书中，我就挑战了这种方式。虽然这种方式的效果只能由各位读者来评价，但是我自认为是比较有自己特色的、独到的分析。

　　虽然本书中提到的内容基本都是我一直以来研究

的沉淀，但也离不开很多人给我的帮助，比如第 2 章中引用的台湾松下的案例，就是在我主办的 NPO 地区文艺复兴的定期研讨会上，成员堀正幸给我提供的素材。此外，由我监督翻译，正文中也有引用的契克森米哈赖的《心流：最优体验心理学》和《心流体验入门》的翻译内容，这也是 NPO 的成员共同努力的结晶。

本书内容原载于 PHP 研究所发行的研究纪要《论集　松下幸之助》。我很感激 PHP 研究所能够给我连载的机会，同时我也由衷感谢编辑帮我润色修改，以更好地让读者阅读。

借此机会，我要再次感谢几个人：佐藤悌二郎身为研究总部长，责任重大，不断给我鼓励；渡边祐介自内容连载时一直给我适当的建议；研究出版事业部的樱井济德给了我很多照顾，甚至是细节的地方也有注意到；森末策划的森末祐二给我设计了本书的样式。没有以上这些人，就没有这本书。

我已经过了 77 岁，即将步入耄耋之年，但我每天的生活还是在心流状态中开心地度过。如今我的愿望是可以继续调查和研究松下幸之助花了后半生时间从事的 PHP 活动。虽然也有困难,但我还是希望可以去挑战,每天都能学到新的技能。

最后,本书在此就告一段落,我希望各位读者可以过上充实的生活,并将心流理念应用到现实生活中。

大森弘

2011 年 2 月

松下幸之助及松下电器的年表

时间	命①	龄②	事项
1894	—	出生	11月27日，出生于和歌山县海草郡和佐村（现在的和歌山市）
1899	—	4	父亲政楠在大米投机买卖中失败
1904	—	9	4年级时从小学退学。只身前往大阪，在大阪火盆店当学徒
1905	—	10	进入大阪船厂的五代自行车店当学徒
1906	—	11	父亲病逝
1908	—	13	第一次一个人销售自行车
1910	—	15	从五代自行车店辞职。在樱花水泥公司做了一阵子临时搬运工后，作为内线员实习生进入大阪电灯
1911	—	16	从内线员实习生升职，成为最年轻的工程负责人
1913	—	18	负责有200年建筑历史的寺庙正殿的电灯工程 母亲病逝
1915	—	20	与井植梅之结婚
1917	—	22	从工程负责人升职，成为最年轻的检查员 离开大阪电灯。在大阪市内猪饲野开始着手制造工作 接到川北电气的电风扇绝缘底盘制造订单，事业得以继续

点燃员工
松下幸之助使员工入迷的经营

（续）

时间	命①	龄②	事项
1918	—	23	3月7日，松下电器在大阪市北区（现在的福岛区）西野田大开町844号，开始出售改良插头、双灯用插座
1921	—	26	最后的亲人离世
1922	—	27	总店及工厂竣工
1923	—	28	发售炮弹型电池式自行车灯
1925	—	30	被推选参加大阪市的联合区会议员选举，以第二名当选
1927	—	32	"超级电熨斗""National"牌角型灯大卖
1929	—	34	制定纲领和信条 二期总店及工厂竣工 受全球经济危机影响，销售额减半
1931	—	36	新型收音机在NHK收音机比赛中获得一等奖，发售并命名为"当选号"
1932	1	37	将5月5日定为创业纪念日，并举行第一届创业纪念仪式，表明产业人的真正使命（自来水哲学），将这一年定为"命知元年"
1933	2	38	实施事业部制，开始每日开早会、晚会 提出"松下电器应遵循精神"（即五精神，1937年增加两精神，变成七精神） 总店搬迁至大阪的河内郡门真地区（现在的门真市）
1934	3	39	开设店员培训机构
1935	4	40	松下电器改组为股份制公司，变为松下电器产业股份有限公司，实施分公司制，并成立9个分公司
1940	9	45	首次举办经营方针发表会（之后每年都举办）
1943	12	48	应军队要求生产船只和飞机
1945	14	50	第二次世界大战结束的次日，将骨干员工聚居在一起，宣布要通过恢复和平产业为日本复兴做出贡献 12月5日的早会上提出"工作中的忘我境界"

（续）

时间	命①	龄②	事项
1946	15	51	出席工会的组建大会并致辞 受到驻日盟军最高司令官总司令部财阀家族的指定、开除公职的指定等七项限制和指定 工会及日本代理商展开免除开除公职的请愿活动 11月3日，设立PHP研究所
1949	18	54	为了公司重建的合理性，提出员工可以自愿提前退休的决策 负债10亿日元，被媒体戏谑为"欠税大王"
1950	19	55	解除了驻日盟军最高司令官总司令部设置的各种限制，通过生产战争特需用品脱离经营危机 暂时搁置PHP研究，大力重建松下电器 恢复事业部制
1951	20	56	前往美国学习
1952	21	57	（"250年计划"的第一阶段第一期第一年）与荷兰的飞利浦公司进行技术合作
1956	25	61	（"250年计划"的第一阶段第一期最后一年）提出"5年计划"
1960	29	65	引进每周五天工作制，表示在5年后实施 开设松下电器工学院
1961	30	66	卸任松下电器产业的社长，就任会长 在京都东山山脚的真真庵重新开始PHP研究
1962	31	67	在美国《时代》周刊的封面故事中获得介绍 成立台湾松下电器股份有限公司
1964	33	69	举办销售公司代理店社长恳谈会（"热海会谈"） 代理营业本部长，进行经营的前线指导 美国《生活》杂志的特辑中介绍了"松下幸之助和他的事业"
1965	34	70	在关西财界研讨会提出"堤坝式经营" 实施每周五天工作制

点燃员工
松下幸之助使员工入迷的经营

（续）

时间	命①	龄②	事项
1967	36	72	（"250年计划"的第二阶段第二期第一年）呼吁"五年后的工资要赶超欧洲"
1970	39	75	受章勋一等瑞宝章
1973	42	78	辞去会长一职，就任顾问
1977	46	82	（"250年计划"的第二阶段第三期第一年）山下俊彦替代松下正治就任社长
1979	48	84	设立松下政经塾
1981	50	86	举办创业知命第50年的创业纪念仪式 受章勋一等旭日大绶章
1987	56	92	受章勋一等旭日桐花大绶章
1988	57	93	成立松下国际财团、松下幸之助花之万博纪念财团（两个财团于2010年合并，现为松下幸之助纪念财团）
1989	58	94	4月27日，去世

① "命"指的是"命知元年"，即1932年。
② "龄"指的是"松下幸之助的年龄"。

推荐阅读

无论在哪个国家,能获得成功的企业家都很多,但能够提炼出经营之道的企业家却为数不多,能够成为众人推崇的"经营之神"的企业家更是凤毛麟角。松下电器的创始人松下幸之助无疑在企业界树起了一座丰碑。他不但创立了一家享誉全球的成功企业,而且提出了一套普遍适用的经营哲学理念。本书系作为松下幸之助经营哲学理念的精粹,将为中国企业家提供有益借鉴。

推荐阅读

《攀登者：松下幸之助的经营哲学》

被誉为日本"经营之神"的松下幸之助，是攀登人生双峰的攀登者，相对个人的经营成就，他更专注于努力建设一个互信、互惠、互相依存的美好社会。松下幸之助根据自己的观察和思考，总结出了一整套关于宇宙、自然、人类的哲学思想。而这一切思想都源于他对"人性尊重"的人类观。因为有这样的人类观，他首创了"自来水哲学"的经营哲学，以及"经营即教育"的教育理念。通过对松下先生的经营法则、人生哲学和用人哲学的探究，我们不但可以获得"企业经营的成功心法"，还能为自己的精神世界找到归宿。

《攀登者2：松下幸之助的用人哲学》

"经营人心、洞察人性"是影响世界的"经营之神"松下幸之助先生总结的极具东方哲学色彩的经营管理智慧。本书讲述的选人、育人、用人的道与术，用人哲学是松下幸之助经营哲学的重要组成部分。书中既有育人用人的底层逻辑和哲学思考，又有实用的系统、工具和方法。松下幸之助是跨越时代的经营者，他半个世纪前的经营管理思想，对现代商业世界具有重大的指导意义和实践价值。